Work & Travel in Australien

Katharina Arlt und Melanie Schmidt

Work & Travel
in
Australien

Richtig vorbereiten, reisen und jobben

Bibliografische Informationen der Deutschen Bibliothek
Die Deutsche Bibliothek verzeichnet diese Publikation in der
Deutschen Nationalbibliografie;
detaillierte bibliografische Daten sind im Internet über http://dnb.ddb.de abrufbar

© 2015 MANA-Verlag, Berlin; www.mana-verlag.de
1. Auflage

Das Werk ist in allen seinen Teilen urheberrechtlich geschützt.
Jede Verwertung außerhalb der engen Grenzen des Urheberrechtsgesetzes
ist ohne Zustimmung des Verlags unzulässig.
Das gilt insbesondere für Vervielfältigungen, Übersetzungen,
Mikroverfilmungen und die Einspeicherung und Verarbeitung
in elektronischen Systemen.

Satz und Layout:
Jürgen Boldt, Sidonie Joubert
Satz- und Layoutkonzeption, Umschlaggestaltung:
tomcom; www.tomcom-online.de
Druck: Standartu
ISBN: 978-3-95503-026-1

Bildnachweis

Titelfoto:
Katharina Arlt

Bilder im Textteil:
Katharina Arlt und Melanie Schmidt, außer:

Lencer (2 cc-by-sa), Esther Sauerwein (86), Stefano Lubiana (93 cc-by),
Martyman (158 cc-by-sa), gemeinfrei (70, 154)

Die Creative-Commons-Lizenz (cc-by-sa) im Internet:
http://creativecommons.org/licenses/by-sa/3.0/de/deed.de

Alle Informationen in diesem Buch sind von den Autoren mit größter Sorgfalt gesammelt und vom Lektorat gewissenhaft bearbeitet und überprüft worden. Inhaltliche und sachliche Fehler können dennoch nicht ausgeschlossen werden. Sowohl der Verlag als auch die Autoren übernehmen keinerlei Verantwortung und Haftung für sachliche und inhaltliche Fehler.

Vorwort 10

1 | Work & Travel 14

- 1.1 Was ist Work & Travel? 14
- 1.2 Passt Work & Travel zu mir? 14
- 1.3 Warum nach Australien? 16
- 1.4 Kann ich mir ein Work & Travel-Abenteuer in ..... Australien leisten? 17
- 1.5 Wann ist der richtige Zeitpunkt? 19

2 | Vorbereitungen 20

- 2.1 Checkliste 20
- 2.2 Working Holiday Visum 20
  - 2.2.1 Beantragung des Visums 21
  - 2.2.2 Einreisebestimmungen 23
  - 2.2.3 Zweites Working Holiday Visum 24
- 2.3 Reise ich mit einer Organisation oder plane ich alleine? 25
  - 2.3.1 Reisen mit einer Organisation 26
  - 2.3.2 Die Reise selbst organisieren 27
  - 2.3.3 Der moderne Mix 28
- 2.4 Reise ich allein, zu zweit oder in der Gruppe? ..28
  - 2.4.1 Alleine reisen 29
  - 2.4.2 Reisen in der Gruppe 30
  - 2.4.3 Reisen mit dem Partner 30
- 2.5 Informationen zum Flug 31
  - 2.5.1 Zwischenstopps 34
- 2.6 Versicherungen 35
  - 2.6.1 Auslandskrankenversicherung 36
- 2.7 Gesundheitsvorsorge 39
- 2.8 Sonstige Vorbereitungen 40
  - 2.8.1 Brauche ich einen Sprachkurs? 40
  - 2.8.2 Reiseroute planen 42
  - 2.8.3 Alltag aufgeben 43

2.9 Ich packe meinen Rucksack 46
  2.9.1 Der richtige Backpacker-Rucksack 46
  2.9.2 Was nehme ich mit?... 47
  2.9.3 Was lasse ich zu Hause?....................................... 51
  2.9.4 Wie packe ich meinen Rucksack? 51

3 | Ankunft im neuen Land 52

3.1 Das Wichtigste zuerst: Wie komme ich vom Flughafen in die City? 54
3.2 Was mache ich gegen Jetlag? 54
3.3 Wie eröffne ich ein australisches Konto? 56
  3.3.1 Die Kontoeröffnung von zu Hause aus 58
  3.3.2 Brauche ich ein deutsches Konto für Australien?. 58
  3.3.3 Deutsche Kontogebühren in Australien............... 58
3.4 Wie beantrage ich eine Steuernummer? 59
3.5 Kommunikation 60
  3.5.1 Brauche ich ein australisches Handy? 61
  3.5.2 Wo bekomme ich meine australische SIM-Karte? 62
  3.5.3 Öffentliche Telefonzellen 63
  3.5.4 Internet 64
  3.5.5 Wie erhalte oder verschicke ich Post? 66
3.6 Lebensmittel 69
  3.6.1 Wo kaufe ich Lebensmittel ein? 71
  3.6.2 Wo stehen die alkoholischen Getränke?.............. 73
  3.6.3 Wo koche ich? 74
  3.6.4 Wo gehe ich essen?.. 76
3.7 Wie finde ich die interessantesten Sehenswürdigkeiten? 77
3.8 Was mache ich, wenn 79

4 | Work 81

4.1 Was für Jobs kann ich machen? 81
  4.1.1 Erntehelfer und Farmarbeit 83
  4.1.2 Arbeiten im Gastronomiebereich......................... 85
  4.1.3 Eventbereich und Street Marketing..................... 86

- 4.1.4 Fabrik- und Lagerarbeit 88
- 4.1.5 Das Leben als Jackaroo/Jillaroo 89
- 4.1.6 Arbeiten für Kost und Logis 90
- 4.1.7 WWOOFing 91
- 4.1.8 Volontärarbeit 92

4.2 Was brauche ich für die Arbeit? 93

4.3 Wie und wo finde ich einen Job? 95
- 4.3.1 Schwarze Bretter 95
- 4.3.2 Tageszeitungen/Magazine 95
- 4.3.3 Von Tür zu Tür 96
- 4.3.4 Organisationen und Agenturen 96
- 4.3.5 Infocenter 97
- 4.3.6 Online-Portale 97
- 4.3.7 Zeitarbeitsfirmen/Arbeitsvermittler 98
- 4.3.8 Harvest Trail Hotline 98
- 4.3.9 Working Hostels 99
- 4.3.10 Mit den Leuten sprechen 100

4.4 Ich finde keinen Job, was mache ich? 100

4.5 Bezahlung 101
- 4.5.1 Stundenlohn vs. Akkord-/Vertragsarbeit 102
- 4.5.2 Muss ich in Australien Steuern bezahlen? 103
- 4.5.3 Superannuation (Australische Rente) 104

4.6 Kündigung und Fristen 105

4.7 Wie bewerbe ich mich? 106
- 4.7.1 Bewerbungsschreiben 106
- 4.7.2 Vorstellungsgespräch 113

5 | Travel 115

5.1 Womit reise ich am besten? 115
- 5.1.1 Unterwegs mit dem Auto 115
- 5.1.2 Unterwegs mit dem Mietwagen 130
- 5.1.3 Unterwegs mit dem Bus 132
- 5.1.4 Unterwegs mit dem Zug 134
- 5.1.5 Unterwegs mit dem Flugzeug 136
- 5.1.6 Unterwegs mit dem Boot/der Fähre 137
- 5.1.7 Unterwegs mit dem Motorrad 139

INHALT

- 5.1.8 Unterwegs mit dem Fahrrad 139
- 5.1.9 Mitreisen/Trampen 144
- 5.1.10 Ein paar Verkehrsregeln 144
- **5.2 Wo kann ich schlafen? 146**
  - 5.2.1 Hostel 147
  - 5.2.2 Campingplatz 149
  - 5.2.3 Camper/Auto 149
  - 5.2.4 Eigene Wohnung/WG 151
  - 5.2.5 Couchsurfing 151
  - 5.2.6 Gastfamilie 152

6 | Australien – Eine kurze Einführung 153

- **6.1 Geschichte 153**
- **6.2 Geografie 155**
- **6.3 Klima 158**
- **6.4 Zeitzonen 159**
- **6.5 Australische Tierwelt 160**
  - 6.5.1 Gefährliches Australien 161
- **6.6 Australische Pflanzenwelt 163**
- **6.7 Der Australier und … 164**
  - 6.7.1 … seine Sitten 164
  - 6.7.2 … seine Sprache 166
- **6.8 Aborigine-Kultur 167**
- **6.9 Feiertage 169**
- **6.10 Must-Do-Sightseeing-Tipps 170**

7 | Goodbye Australia und Willkommen zurück in Deutschland 176

- **7.1 Die letzten Tage 176**
  - 7.1.1 Bankkonto schließen 177
- **7.2 Zurück in Deutschland 178**
  - 7.2.1 Superannuation Account auflösen 178
  - 7.2.2 Der Neustart 180

Register 182

Vorwort

Tasche packen und auf in die Welt. Die Freiheit genießen, den Alltag hinter sich lassen. Fremde Länder erkunden, neue Kulturen entdecken. Träume wahr werden lassen und den australischen Wind spüren. Die Sonne und das salzige Meerwasser prickeln auf deiner Haut, der Sternenhimmel leuchtet hell über deinem Lagerfeuer. Es gibt kaum ein größeres und atemberaubenderes Erlebnis als Work & Travel in Australien!

Hier lernst du absolute Selbstständigkeit, schulst deine Toleranz, stärkst deine Persönlichkeit und erlebst den kulturellen Austausch auf die lebendigste Weise. Du erlebst die spannendsten Abenteuer und hältst dich mit den verrücktesten Gelegenheitsarbeiten über Wasser. Vom Tellerwäscher zum Perlentaucher, vom Flyer-Verteiler zum Blogger weltweit. Nichts ist unmöglich.

Das Land Down Under – hier ist wirklich alles „anders herum": Die Jahreszeiten sind vertauscht, die Flüsse fließen *upside down*, die Sprache wird zum *Strine* und die Tierwelt ist mehr als exotisch. Wombat, Schnabeltier, Koala und Co. sorgen für Furore. Uralte Regenwälder beherrschen das Land genauso wie die unglaubliche Weite des trockenen Outbacks. Und nicht zu vergessen: die einsamen und strahlend weißen Strände am türkisblauen Meer.

Die Kultur der Aborigines ist ebenso einzigartig. Wandere durch die *Dreamtime* der Ureinwohner, spiele Didgeridoo und iss Bush Tucker. Fühle die spirituelle Verbindung zwischen Mensch und Natur und lass dich von ihr in den Bann ziehen.

Du bist jung, du bist neugierig und bereit, deinen Horizont zu erweitern und das schönste Ende der Welt zu entdecken?!

Auf geht's!

Meeresrauschen und warmer Sand – Australiens Strände gehören zu den schönsten der Welt!

Mit diesem Ratgeber helfen wir dir bei deiner Vorbereitung und geben dir wertvolle Reise-, Spar- und Verhaltenstipps, damit dein persönliches Work & Travel-Jahr zum absoluten Erlebnis wird!

Viel Spaß bei der Planung und auf deiner Reise durch Down Under!

Melanie und Katharina

Flinders Street Railway Station und Free City Circle Tram in Melbourne

1 | Work & Travel

1.1 Was ist Work & Travel?

Work & Travel ist eine ganz besondere Form des Reisens. Dabei lernen junge Menschen fremde Länder und deren Einwohner, Kulturen und Sprachen kennen und füllen ihre Reisekasse durch kurzzeitige Gelegenheitsjobs auf. Work & Travel bietet die Möglichkeit, sich die Welt anzusehen.

Das speziell für Australien vorgesehene Work & Holiday Visum wurde aufgrund eines bilateralen Abkommens zwischen Deutschland und dem 5. Kontinent eingeführt. Seit 2000 nutzen es jährlich tausende junge Erwachsende und machen Australien zur Hochburg für Backpacker. Denn neben Engländern und Franzosen, sind Deutsche die am häufigsten anzutreffenden Rucksacktouristen im Land.

Von vielen wird das Work & Travel-Erlebnis als Mittel zum Aufpolieren der englischen Sprache und zur Festigung der eigenen Persönlichkeit gesehen. Arbeitstätige nutzen den Auslandsaufenthalt vor allem als Motivationsschöpfung oder Pause vom Alltag im Job sowie zur Vorbeugung eines Burnouts. Bis heute ist Work & Travel der spannendste Weg, ein Land und seine Eigenheiten kennenzulernen, Abenteuer zu erleben oder einfach mal Ferien vom deutschen Alltag zu machen.

1.2 Passt Work & Travel zu mir?

Work & Travel ist der Traum von vielen: Sachen packen und ab in die Welt! Die Freiheit genießen, Experimente wagen, Erfahrungen machen. Ob Work & Travel zu dir passt, kann man nicht genau sagen. Nicht jeder kann sich darauf einlassen, seinen Alltag und den gewohnten Luxus aufzugeben, um

Eukalyptus auf dem atemberaubenden Plateau des Kings Canyon

in einer vollkommen fremden Umgebung neu anzufangen. Manch einer stellt erst im anderen Land fest, dass er für das einzigartige Erlebnis nicht geschaffen ist. Aber auch das ist in jedem Fall eine Erfahrung und hilft dir bei der Formung deiner Persönlichkeit. Wenn du aber wissen möchtest, ob du zumindest die Grundvoraussetzungen eines Travellers down under erfüllst, dann musst du nur folgende Fragen mit Ja beantworten können:

- Bist du bereit dich selbst besser kennenzulernen?
- Hast du Lust auf Neues, auf Herausforderungen und Abenteuer?
- Bist du neugierig auf andere Kulturen und eine andere Sprache?
- Bist du flexibel und offen, deinen gewohnten und vielleicht luxuriösen Alltag hinter dir zu lassen?
- Möchtest du wissen, wie sich ein Känguru anfühlt, wie der Regenwald klingt oder die Wüste riecht?
- Hast du ausreichend finanzielle Mittel, um dich am schönsten Ende der Welt über Wasser zu halten?

Das beeindruckende Sydney Opera House zum Anfassen nah

Ja?! Glückwunsch! Work & Travel ist sehr wahrscheinlich das Richtige für dich!

Unterwegs lernst du deine Stärken und Schwächen kennen und trainierst deine Selbstständigkeit, Organisationsfähigkeit und Toleranz. Auch wenn du kein perfektes Englisch sprichst, Gelegenheiten zum Sprachtraining hast du down under genug. Nach deiner Rückkehr wirst du die Welt ganz sicher mit anderen Augen sehen und bestenfalls dein Leben lang von deinem persönlichen Work & Travel-Abenteuer zehren.

1.3 Warum nach Australien?

Warum nicht?!

Australien hat einfach alles: Strahlend weiße Sandstrände, atemberaubende Küstenlandschaften, schneebedeckte Berge, wilde Regenwälder, das einsame Outback und lebendige Städte. Die Tier- und Pflanzenwelt ist so einzigartig wie die Kultur der Aborigines. Die Menschen sind die freundlichsten und hilfsbereitesten Bewohner, die du dir vorstellen kannst.

An jeder Ecke findest du Sehenswürdigkeiten, Abenteuer, Kultur und neue Freundschaften. Das Land ist auf Backpacker wie dich bestens eingerichtet. Die Infrastruktur ist gut ausgebaut. Das Reisen ist sicher und unkompliziert für Jung und Alt genauso wie für Mann und Frau.

Australien muss man einfach erlebt haben! Und Work & Travel ist die beste Möglichkeit, den schönsten und vielleicht vielseitigsten Kontinent der Welt auf individuelle Weise zu entdecken.

1.4 Kann ich mir ein Work & Travel-Abenteuer in Australien leisten?

Zugegeben: Work & Travel ist nicht unbedingt billig. Wenn du ein Work & Travel-Abenteuer planst, musst du das Finanzielle stets im Blick haben. Jeder reist unterschiedlich: Der eine spart beim Essen, der andere bei der Unterkunft und manch einer möchte einfach alles erleben – egal zu welchem Preis. Es ist schwer zu sagen, wie viel genau alles kosten wird. Um dir einen Überblick zu verschaffen, haben wir aber die wichtigsten und notwendigen Ausgaben einmal für dich aufgezählt:

> **Finanzierung**
> Es ist möglich, dass du dir deinen Australienaufenthalt mit einem dortigen Job finanzierst. Wir raten dir aber, so viel Geld mit nach Australien zu nehmen, wie du kannst. Schließlich willst du in Down Under ja nicht nur arbeiten, sondern auch was erleben!

Bereits in Deutschland erwarten dich folgende Ausgaben:
- Rucksack: ab 100 EUR
- Visum: ca. 300 EUR
- Reisepass und Dokumente: ca. 100 EUR
- Flug/Flug mit Organisation: ca. 1.200 EUR / 1.700 EUR
- Auslandskrankenversicherung: ca. 500 EUR
- Bei der Einreise nachzuweisende finanzielle Mittel: ca. 3.500 EUR

Auch das Leben in Australien will finanziert werden! In der Regel gibst du in den Großstädten mehr Geld aus als in den ländlichen Regionen. Pro Tag brauchst du um die 60 australische Dollar (AUD) für Unterkunft und Verpflegung (eine Übernachtung im Hostel kostet schon mal 30 AUD, auf dem Campingplatz hingegen manchmal nur 10 AUD; Essen gehen ist teuer, selbst kochen dagegen günstiger). Wenn du *low budget* lebst, kommst du auch mit 30 bis 50 Dollar täglich aus. Zusätzlich musst du mit Kosten rechnen für:

- Transport (eigenes Auto, Bus- oder Zugpässe etc.)
- Aktivitäten (Selbstentdecker oder geführte Gruppenreise? Sonnenuntergang oder *skydive* am Strand?)
- Sonstige Ausgaben (Handy, Souvenirs etc.)

> **Lebensunterhaltskosten für eine Woche, Beispiele**
> - **Unterkunft:** 70 (Campingplatz) bis 220 AUD (gehobenes Hostel oder günstige WG)
> - **Verpflegung:** 70 (selber kochen) bis 140 AUD (öfter Essen gehen)
> - **Transport:** 15 bis 30 AUD (variiert stark, je nachdem, ob du mit dem eigenen Auto unterwegs bist, täglich fährst, welches Zugticket oder welchen Bus-Pass du hast und wie weit die Reiseetappe geht)
> - **Sonstige einmalige Kosten (Souvenirs, Touren etc.) wie zum Beispiel:** Taronga Zoo Sydney ca. 50 AUD, Uluru-Kata Tjuta Nationalpark Permit für 3 Tage ca. 30 AUD, Flug über das Great Barrier Reef ca. 200 bis 400 AUD

Pro Woche hast du laufende Ausgaben zwischen 200 und 400 AUD. Zusätzlich investierst du hier und da Geld für Luxusartikel, Souvenirs oder Touren. Am Anfang wirst du sicherlich mehr Geld ausgeben. Mit der Zeit hast du aber den Dreh raus, die ersten Anschaffungskosten hinter dir und weißt genau, wie und wo du sparen kannst.

Wenn du monatlich zwischen 1.000 und 1.500 AUD einplanst, bist du auf der sicheren Seite. Geld ausgeben geht in Australien sehr schnell. Vor allem, weil es so viele und fantastische Sachen zu erleben und auszuprobieren gibt.

Das klingt erst einmal viel. Aber *no worries*! Verglichen mit deinen alltäglichen Kosten in Deutschland und den einzigartigen Erfahrungen, die du in Australien machen wirst, lohnt es sich garantiert!

Natürlich hängen deine Ausgaben ganz von deinem individuellen Lebensstil und Komfortbedürfnis ab. Je besser deine Reisekasse gefüllt ist, umso mehr Spaß wirst du in Down Under haben. Wir empfehlen dir auf jeden Fall schon im Vorfeld, soviel wie möglich zu sparen. Vielleicht kannst du Familie und Bekannte von deinem wertvollen Auslandsabenteuer begeistern und erhältst finanzielle Unterstützung?! Und dank des Visums kannst du in Australien jederzeit einen Job anfangen, um wieder ordentlich Dollar in deine Reisekasse zu bringen.

1.5 Wann ist der richtige Zeitpunkt?

Dein Work & Travel-Erlebnis kannst du starten, wann immer du willst! Die meisten Backpacker beginnen ihre Abenteuerreise am Ende eines Lebensabschnittes wie zum Beispiel nach Ende der Schulzeit oder des Studiums, manch einer nach einer gescheiterten Beziehung. Viele möchten auch ihren Trott unterbrechen und sehnen sich nach einer Auszeit vom Job oder dem deutschen Alltag. Wann du deine Reise beginnst, hängt in der Regel nur davon ab, wann du selbst für deine individuelle Reise bereit bist.

Der Start in dein Work & Travel-Abenteuer ist das ganze Jahr über möglich. Bedenke bei deiner Planung aber, dass Jahreszeit, Klima und Jobsituation eine entscheidende Rolle bei deiner Ankunft und für deine Reiseroute spielen. Viele Backpacker brechen im europäischen Herbst, also im australischen Frühling, auf. Deshalb ist es zu dieser Zeit in den größeren Städten ziemlich schwierig einen Job zu finden, denn die Konkurrenz ist dann groß. Wenn du dir aber erst einmal Zeit nehmen möchtest, um Land und Leute kennenzulernen, ist dieser Zeitpunkt perfekt.

2 | Vorbereitungen

2.1 Checkliste

Vorfreude ist ja bekanntlich die schönste Freude. Jetzt geht es an die Vorbereitungen und deine Vorstellungen und Träume können immer mehr Gestalt annehmen. Bevor du nach Down Under startest, gibt es einiges zu organisieren. Der Work & Travel-Aufenthalt kann recht spontan geplant werden. Wesentlich entspannter ist es aber, wenn du dir genügend Zeit für die Organisation und deine Entscheidungen lässt. In der Regel reichen 6 Monate Zeit gut aus, um deinen Traum von Work & Travel wahr werden zu lassen.

Damit deine Vorbereitungszeit Spaß macht und ohne Stress ablaufen kann, haben wir dir eine kleine Checkliste mit einem groben Zeitplan zusammengestellt.

2.2 Working Holiday Visum

Um als Work & Traveller Australien zu erkunden, benötigst du das Working Holiday Visum (Subclass 417). Dieses Visum erlaubt dir innerhalb von maximal 12 Monaten das Land der niedlichen Koalas zu erkunden

---

Checkliste

2 bis 3 Monate vor Abreise:
- Reisepass/Internationalen Führerschein/Internationalen Studentenausweis auf Gültigkeit prüfen bzw. neu beantragen
- Visum beantragen
- Flug buchen
- Organisation buchen
- Verträge/Abonnements kündigen
- Impfpass auf Aktualität prüfen
- Wohnung kündigen und Wohnsitz ummelden (für das Visum benötigst du einen festen Wohnsitz in Deutschland)
- Krankenkasse kündigen

1 bis 2 Monate vor Abreise:
- Gesundheits-Check
- Ausrüstung wie Backpacker-Rucksack besorgen
- (Auslandskranken-)Versicherungen abschließen
- Unterkunft für die ersten Nächte buchen
- Arbeitsplatz kündigen

2 bis 3 Wochen vor Abreise:
- Nachsendeauftrag bei der Post stellen
- Abschiedsparty feiern
- Informations-Ordner mit Vollmachten für Kontaktperson erstellen
- Gegebenenfalls Bargeld bei deiner Bank wechseln lassen

Letzte Woche vor Abreise:
- Rucksack probepacken

und zwischendurch deine Reisekasse mit verschiedenen Jobs aufzubessern. Wie oft, wo und wie lange du arbeitest, bleibt dir überlassen. Allerdings darfst du nicht länger als 6 Monate bei dem gleichen Arbeitgeber beschäftigt sein. Aber Arbeiten ist ja auch nicht alles! Mit dem Visum kannst du nämlich auch studieren! Es erlaubt dir für maximal 4 Monate die Teilnahme an vielen Kursen und Fortbildungen.

Mit dem Visum ist es auch möglich, Down Under innerhalb der 12 Monate beliebig oft zu verlassen und anschließend wieder einzureisen. Viele Backpacker nutzen diese Option, um einen Abstecher nach Neuseeland zu machen. Aber vergiss nicht, dass dein Visum durch diese Unterbrechung nicht verlängert wird.

Ohne geht es nicht: Der gültige Reisepass!

2.2.1 Beantragung des Visums

Die Antragstellung des Visums ist schriftlich per Post, persönlich bei der australischen Botschaft in Berlin oder über das Online-Verfahren (eVisitor) möglich.

Da der Postweg recht lange dauern und unsicher sein kann, ist davon abzuraten. Wenn du dein Visum direkt in Berlin beantragst, kannst du es sofort mitnehmen. Und auch bei der Online-Variante erhältst du eine Antwort-E-Mail innerhalb von wenigen Minuten oder spätestens nach zwei Tagen. Falls du in deinem Posteingang keine Benachrichtigung findest, solltest du auch in deinem SPAM-Ordner nachsehen. Den Status deines Visumantrags kannst du jederzeit online überprüfen. Dazu brauchst du nur deine *Transaction Reference Number* (TRN), die du nach der Bezahlung erhalten hast.

Visum-Voraussetzungen

Um das Working Holiday Visum zu erhalten, musst du:
- deutscher Staatsbürger sein
- bei der Beantragung zwischen 18 und 30 Jahre alt sein (d.h., dass du das Visum bis einen Tag vor deinem 31. Geburtstag beantragen kannst)
- einen deutschen Reisepass besitzen, der bei der Einreise noch mindestens 6 Monate gültig ist (bei längerer Reise entsprechend länger)
- gesund sein, d.h. nicht an Tuberkulose, Blutkrankheiten, Krebs, Herzkrankheiten, Hepatitis B oder C, HIV positiv, Nierenleiden, Lebererkrankungen, Geisteskrankheiten oder schweren Atemwegerkrankungen leiden
- deinen Wohnsitz in Deutschland haben

Außerdem darfst du:
- keine Kinder mit nach Australien bringen (einige Organisationen verlangen auch, dass du kinderlos bist)
- keine kriminelle Vergangenheit haben

Für die Online-Beantragung benötigst du eine Kreditkarte. Falls du bei der Antragstellung keine eigene hast, kannst du auch die Kreditkarte eines Verwandten oder Freundes nehmen. Wichtig dafür ist nur, dass die Gebühr von der Karte bezahlt werden kann.

Das Visum beantragst du online unter www.immi.gov.au. Hier gibst du deine persönlichen Daten an, die bei der Einreisebehörde DIAC gespeichert und bei deiner Einreise in Australien mit deinem Reisepass abgeglichen werden. Weitere Hilfe findest du auch bei der Australischen Botschaft (www.australian-embassy.de).

Das Working Holiday Visum kostet 420 Dollar (ca. 300 EUR) und ist unabhängig von der Gewährung zu zahlen. Die Antragstellung solltest du spätestens 6 Wochen vor deiner Abreise erledigt haben. Bitte bedenke, dass du besser erst dein Visum und dann deinen Flug sowie weitere Reisetermine festlegst. Denn auch wenn es nicht oft vorkommt, dein Visumantrag könnte abgelehnt werden. Wären dann dein Flug und deine erste Übernachtung schon gebucht, könnten zusätzliche Kosten auf dich zukommen. Aber *no worries*! In der Regel passiert das nicht und du hältst oft bereits nach wenigen Minuten deine Eintrittskarte nach Down Under in der Hand!

2.2.2 Einreisebestimmungen

Für deine Einreise nach Australien sind Visum und Reisepass unabdingbar. Spezielle Schutzimpfungen sind nicht nötig. Dennoch solltest du überprüfen, ob deine Standardimpfungen aktuell sind, und sie gegebenenfalls wieder auffrischen (siehe Kapitel „Gesundheitsvorsorge").

Außerdem musst du finanzielle Mittel von etwa 5.000 Dollar (ca. 3.500 EUR) vorweisen können, die zeigen, dass du dich versorgen und dir jederzeit ein Rückflugticket kaufen kannst. Das wird bei der Einreise stichprobenhaft überprüft. Als Nachweis reicht normalerweise dein Rückflugticket oder eine Kopie vom Kontoauszug eines deutschen Kontos, das auf deinen Namen läuft. Wer auf Nummer sicher gehen will, kann sich bei der Bank eine mit Stempel beglaubigte Kopie seines Kontoauszugs geben lassen.

Beachte auch, dass die Ein- und Ausfuhr von Pflanzen- und Tierprodukten sowie diversen Lebensmitteln verboten ist. Die einzigartige Natur Australiens soll schließlich vor Schädlingen und Krankheiten geschützt bleiben. Daher solltest du deine Schuhe und andere Kleidungstücke oder Campingsa-

---

Visum/Reisepass

Deine Visum- und Reisepass-Daten werden miteinander gekoppelt und bei deiner Einreise überprüft. Deswegen müssen die Angaben unbedingt richtig sein. Solltest du vor deiner Abreise zum Beispiel einen Zahlendreher bemerken oder einen neuen Reisepass benötigen, kannst du im Notfall eine E-Mail an **evisa.whm.helpdesk@immi.gov.au** schicken und dein Visum an deinen richtigen Reisepass angleichen lassen. Die Behörde benötigt dafür deinen Vor- und Nachnamen, deine TRN (Transaktionsnummer) des Visums, dein Geburtsdatum und eine Kopie des neuen Reisepasses. Für die Änderung musst du mit einigen Tagen rechnen.

chen vor Reiseantritt gut säubern, falls du auf einem Bauernhof gearbeitet oder dich in der Natur aufgehalten hast. Alle Lebensmittel, die du während deiner Landung in Down Under noch bei dir hast, müssen auf der Passagier-Einreisekarte (*Incoming passenger card*) deklariert werden. Die Einreisekarte bekommst du automatisch im Flugzeug ausgehändigt. Sei auf sorgfältige Kontrollen gefasst und rechne bei nicht angegebenen Gegenständen mit hohen Strafen! Also lieber mehr als zu wenig angeben!

2.2.3 Zweites Working Holiday Visum

Das Working Holiday Visum wird pro Land nur einmal im Leben vergeben. Solltest du aber länger als 12 Monate in Down Under reisen und arbeiten wollen, ist eine Verlängerung um ein weiteres Jahr möglich.

Für die Beantragung des zweiten Working Holiday Visums musst du in deinem ersten Work & Travel-Jahr mindestens drei Monate im Bereich Erntehilfe, Farmarbeit, Fischfang, Mienenarbeit oder auf dem Bau gearbeitet haben. Deine geleistete Arbeit musst du mit Hilfe von Gehaltsscheinen und Belegen der Arbeitgeber nachweisen. Das Pensum kannst du auch bei verschiedenen Arbeitgebern erledigen. Auf der Website der australischen Einwanderungsbehörde (Department of Immigration and Border Protection) findest du das Formular *Working Holiday visa - Employment verification (Form 1263)*, das du deinem Arbeitgeber vorlegen musst.

Aber Vorsicht bei der Arbeitswahl: Du musst in einer anerkannten Region Australiens beschäftigt sein! Zu den ausgeschlossenen Gebieten zählen zum Beispiel Sydney, Newcastle,

Touristenvisum

Lust auf deine Familie oder Freunde Down Under?! Sie können dich für maximal 3 Monate in Australien besuchen und müssen dafür nur ein Touristenvisum bei der Australischen Botschaft (www.australian-embassy.de) beantragen. Das ist kostenlos und gilt 12 Monate.

Wollongong, NSW Central Coast, Brisbane, Gold Coast, Perth, Melbourne und ganz Australian Capital Territory.

Bei der Antragstellung des Second Working Holiday Visa kannst du dich in Australien aufhalten. Falls du dich auf dem Roten Kontinent befindest und das Visum bewilligt wurde, zählt dein Einreisetag (also mit dem ersten Working Holiday Visum) als Beginn deiner 24 Monate Work & Travel. Solltest du dich nicht (mehr) in Australien befinden und dein zweites Visum wurde bestätigt, laufen deine weiteren 12 Monate Down Under-Abenteuer ab dem Tag, an dem du wieder in Australien gelandet bist.

2.3 Reise ich mit einer Organisation oder plane ich alleine?

Ob mit oder ohne Organisation – beide Möglichkeiten sind zu empfehlen. Es kommt allein auf dich und deinen Charakter an, welche Vorbereitungsart du wählst. Die Reise mit einer Organisation bedeutet keinesfalls, dass du nicht auch vollkommen selbstständig in Australien unterwegs bist. Entscheidungen gibt es down under schließlich noch genug zu treffen, unter anderen auch, in welchen Umfang du den Service der Organisationen in Anspruch nimmst.

Das Reisen ganz auf eigene Faust kann etwas Geld sparen, wenn dir die Suche nach den besten Angeboten Spaß macht. Und es gibt dir das Gefühl der vollkommenen Selbstständigkeit. Das heißt aber trotzdem auch immer, dass du vor und während deiner Reise andere um Hilfe bitten wirst.

Die moderne Mischung aus beidem ist eine gute Kompromiss-Lösung, die aber nicht unbedingt zu den sparsamsten Varianten gehört.

Damit dir die Entscheidung etwas leichter fällt, haben wir die wichtigsten Punkte für dich zusammengefasst:

2.3.1 Reisen mit einer Organisation

Eine Organisation ist sehr praktisch, gerade für den bequemen Start im neuen Land. Sie nimmt dir Arbeit ab, erspart dir die Suche nach guten Angeboten und gibt dir die Sicherheit, dass du in der Not einen Ansprechpartner in Australien hast. Vor allem Letzteres kann für deine Eltern und Angehörigen sehr beruhigend sein. Erfahrungsgemäß wirst du die Organisation im Verlauf deiner Reise aber nicht mehr oft brauchen, weil du dich bald alleine zurecht finden wirst.

Reisen mit einer Organisation	
Vorteile	**Nachteile**
<ul><li>die Organisation bucht Flüge und Versicherungen zu einem guten Preis-Leistungs-Verhältnis (meistens mehrere Kombi-Pakete zur Auswahl)</li><li>bequemer Start, denn z.B. Steuernummer, Bankkarte, SIM-Karte und eine Unterkunft für die ersten Nächte werden für dich organisiert</li><li>oftmals startest du in einer Gruppe und findest schnell Gleichgesinnte</li><li>Ansprechpartner bei kleinen und großen Problemen via E-Mail, Telefon und in den australischen Großstädten auch persönlich</li><li>seriöse und feste Postadressen, z.B. für die Angabe bei Formularen</li><li>schwarze Bretter mit Job-/Verkaufsaushängen, an denen du auch selbst inserieren kannst</li><li>persönliche Hilfestellung bei der Bewerbung und der Jobsuche</li><li>Zugriff auf exklusive Datenbanken</li></ul>	<ul><li>kostet meistens etwas mehr Geld</li><li>du machst nicht die Erfahrung, eine australische Steuernummer selbstständig zu beantragen, eigenständig den Flug zu buchen etc. (keine vollkommene Selbstständigkeit)</li><li>ein eingeschränktes Angebot (Flüge, Versicherungen etc. sind in verschiedenen Paketen vorgegeben)</li><li>keine Garantie für einen Job oder die Lösung deiner Probleme</li></ul>

Bekannte und zuverlässige Organisationen, die dir Work & Travel-Pakete anbieten, sind u.a. TravelWorks, Stepin und AIFS. Wenn du dich für eine Organisation entscheidest, solltest du vor allem darauf achten, dass die Agentur genügend, d.h. lange und umfassende Erfahrungen hat. Schau dir auch an, welche Leistungen, Kosten, Anlaufstellen in Australien und Abflugtermine die einzelnen Organisationen anbieten. Die Bewertungen von anderen Backpackern in unterschiedlichen Internetforen sind da sehr hilfreich.

2.3.2 Die Reise selbst organisieren

Die Erfahrung zeigt, dass du deine Reise auch ohne Probleme selbstständig planen kannst. Die Organisation von Flügen, Versicherungsschutz etc. ist nicht schwer (siehe Kapitel „Informationen zum Flug" etc.), benötigt aber viel Zeit.

Das Internet und viele Reisebüros bieten dir Lösungen an, die auf das Backpacking ausgelegt sind. Bei Fragen und Problemen im Land selbst, helfen dir oft auch die Australier und andere Backpacker. Allerdings bist du von Anfang an auf dich

Die Reise selbst organisieren	
Vorteile	**Nachteile**
• du kannst dir genau aussuchen, was und wie du es möchtest (vollkommene Selbstständigkeit) • der Vergleich verschiedener Angebote im Voraus bringt dir einen guten Überblick, was es in Australien so alles gibt • spart etwas Geld, wenn du gute Angebote findest	• mehr Eigeninitiative und Aufwand durch Recherche • spart nicht immer Geld (abhängig von günstigen Angeboten) • keine direkten Ansprechpartner vor und während der Reise • keine feste Anlaufstelle in der Not (auch für die Zuhausegebliebenen)

alleine gestellt und planst deine Reise nur nach deinen eigenen Erfahrungen. Um offen für neue Möglichkeiten zu sein, solltest du dich daher immer auch mit anderen austauschen.

2.3.3 Der moderne Mix

Eine weitere, aber nicht immer die kostengünstigste Möglichkeit ist die Mischung aus beidem: Überwiegend planst du deine Reise selbst, gibst aber einzelne Aufgaben an Organisationen ab. Bei vielen Work & Travel-Agenturen und anderen Anbietern kannst du ein sogenanntes Willkommens- oder Basispaket (*Starter-Package*) erwerben. Du kaufst beispielsweise ein Steuernummer- und SIM-Karten-Paket und ersparst dir den Aufwand der Beantragung und Anbietersuche.

Diese Pakete sind natürlich nicht kostenlos. Die Anbieter verlangen meist Gebühren für ihre Dienstleistungen, die du bei der eigenständigen Beantragung nicht hättest. Dennoch sind sie eine gute Option, um möglichst selbstständig und individuell zu planen, und dabei nicht jede Aufgabe allein bewältigen zu müssen.

2.4 Reise ich allein, zu zweit oder in der Gruppe?

Was will ich als nächstes machen? Wo geht die Reise hin? Kaufen wir dies oder das? Bleiben wir noch an diesem schönen Ort oder reisen wir sofort weiter? Diese Fragen stellen sich während der Reise immer wieder. Ob allein, zu zweit oder in der Gruppe – jede Art zu Reisen hat Vor- und Nachteile. Eine perfekt geplante Reise gibt es meistens nicht.

> **Was jetzt?**
> Stell dir vor, du bist mit deinem Camper unterwegs und bleibst mitten im Outback liegen. Das ist auf jeden Fall ein Abenteuer – versprochen! Und jetzt:
> - bist du auf dich ganz allein gestellt
> - hast du deinen Partner bei dir, den du die letzten Monate pausenlos gesehen hast
> - steckst mit deiner Reisegruppe fest, in der nun jeder die verrücktesten Lösungsvorschläge zum Besten gibt.
>
> Was würde dir am besten gefallen?

2.4.1 Alleine reisen

Australien ist ein sicheres Land, das du auch gut alleine erkunden kannst (auch als Frau!). Ohne andere unterwegs zu sein hat den Vorteil, dass du keine Kompromisse eingehen musst. Du kannst jederzeit tun, wonach dir ist – nach Norden oder nach Süden fahren, arbeiten oder Urlaub genießen. Du erlebst die absolute Freiheit und lernst dich selbst intensiv kennen. Nur deine Tagesform, das Wetter und dein Portemonnaie bestimmen, wo es lang geht. Leider musst du aber auch alle Entscheidungen selbst treffen und alles auf eigene Kosten finanzieren. In Notsituationen bist du auf dich gestellt. Und manchmal kann es ziemlich einsam sein.

Dass du dich allein auf den Weg machst, bedeutet aber nicht zwangsläufig, dass du während deiner Reise allein bleiben musst. In Australien findest du überall Gleichgesinnte, mit denen du dich zusammenschließen und austauschen kannst. Oft finden sich schon direkt nach der Ankunft kleine Reisegruppen zusammen, die ihr Work & Travel-Erlebnis gemeinsam bestreiten. Und wenn es doch nicht so ganz passt, könnt ihr natürlich auch jederzeit wieder getrennte Wege gehen.

2.4.2 Reisen in der Gruppe

Zu zweit oder in der Gruppe reisen bedeutet immer Kompromisse eingehen! Ihr verbringt enorm viel Zeit auf engstem Raum, das kann manchmal ziemlich anstrengend sein. Sprecht über eure Ziele und eure Vorstellung von Work & Travel, bevor ihr euch zusammen auf den Weg macht. Das erspart eine Menge Streitereien unterwegs. Denn Diskussionen lassen sich auf dieser Reise nicht vermeiden, weil immer wieder neue Entscheidungen getroffen werden müssen. Es ist nicht immer einfach, die passenden Reisegefährten zu finden. Manch einer will möglichst viel in kurzer Zeit erleben, ein anderer relaxt gern mehrere Tage am selben Ort. Auch die Frage nach dem Komfort (wo schlafe ich, wann oder wie oft mache ich Pause oder koche eine Mahlzeit etc.) steht immer wieder im Mittelpunkt heißer Diskussionen.

In der Gruppe reisen bedeutet aber auch, dass ihr Erfahrungen teilen und euch später über gemeinsame Erinnerungen freuen könnt. Ihr könnt euch in der Not gegenseitig helfen und auch die Kosten für große Anschaffungen wie zum Beispiel ein Auto, aber auch für Unterkünfte, Attraktionen oder Essen sind natürlich geringer. Und falls du mal zu müde bist, um eine Entscheidung zu treffen, kannst du einfach mit deiner Reisegruppe mitziehen. Klingt doch bequem, oder?!

2.4.3 Reisen mit dem Partner

Du glaubst, deinen Partner zu kennen?! Bei eurem Work & Travel-Abenteuer werdet ihr euch noch besser kennenlernen! Das bestätigen alle, die ihre Reise als Paar angetreten sind. Man sieht sich 24/7 und erlebt alle Höhen und Tiefen gemeinsam. Zusätzlich stellt sich unweigerlich die Frage: Wie attraktiv findet ihr euch noch, wenn ihr tagelang ohne Dusche auskommen musstet? Es ist also vorprogrammiert, dass es irgendwann auch ziemlich anstrengend werden kann. Dafür hast du einen Reisepartner, den du gut kennst und dem du vertrauen kannst. Ihr habt gemeinsame Interessen und wisst genau, wie der andere tickt. Wenn ihr euch auf die Nerven geht, unternehmt einfach auch mal etwas getrennt. Egal, wo ihr in Australien seid, es bietet sich überall die Gelegenheit verschiedene Sachen zu machen. Wichtig ist es, dass ihr euch aufeinander verlassen könnt, besonders in der Notsituation. Die Australienreise ist perfekt, um das größte gemeinsame Abenteuer zu erleben oder einfach festzustellen, dass man nicht füreinander geschaffen ist.

Kleiner Tipp: Fixiert euch nicht zu sehr aufeinander, sondern seid immer auch offen für andere Mitreisende und deren Geschichten. So erlebt ihr einfach mehr und geratet in Abenteuer, an die ihr selbst nie gedacht hättet: coole Partys, unbekannte Orte, Adrenalinkicks durch Extremsportevents …

Wie reise ich?

Jeder reist auf seine Art. Wie genau DU reisen möchtest, wirst du wahrscheinlich erst auf deiner Reise feststellen. Wichtig ist, dass du so unterwegs bist, wie es dir am meisten Spaß macht. In der Regel ergeben sich verschiedene Konstellationen von ganz allein. Sei immer offen und hab keine Angst vor Veränderungen!

2.5 Informationen zum Flug

Nachdem du dein Visum in der Tasche hast, solltest du dich um die Buchung deines Flugs kümmern. Wenn du mit einer Organisation reist, sind die Flugkosten wahrscheinlich im gebuchten Work & Travel-Paket enthalten. Dann hast du weniger Stress, kannst jedoch nur aus vorbestimmten Reiserouten und Fluggesellschaften wählen.

Mit dem Flugticket in der Tasche rückt Australien ein wenig näher

Wenn du deine Reise selbst organisierst, solltest du dich bereits 6 bis 8 Monate vor Reisebeginn nach passenden Flügen umsehen. Denn es gilt: Je eher, umso günstiger! Natürlich kannst du darauf hoffen, kurzfristig einen preiswerten Flug zu bekommen, aber verlassen solltest du dich darauf nicht.

Eine Menge Geld spart die Buchung von Hin- und Rückflug. Zumal ein vorhandenes Rückflugticket die Einreise erleichtert (siehe Kapitel „Working Holiday Visum").

Da Flüge nicht mehr als 350 Tage im Voraus fix gemacht werden können, kann es passieren, dass du deinen Flug nach Hause umbuchen musst. Das ist aber ganz einfach und kann mit einem kurzen Anruf bei der Fluggesellschaft erledigt werden. Je nach Anbieter fallen bei der Umbuchung Gebühren an.

Für deine Reiseroute könnte auch ein Gabelflug von Interesse sein. Gabelflüge ermöglichen dir, in einer Stadt zu landen und in einer anderen wieder abzufliegen. Solltest du beispielsweise ausschließlich die australische Ostküste erkunden wollen, kannst du in Melbourne landen und in Cairns wieder abfliegen.

Unterkunft buchen

Zeitgleich mit der Flugbuchung solltest du dir eine Unterkunft in deiner Ankunftsstadt suchen, damit du ein Bett für die erste Nacht oder besser gleich für die ersten drei Nächte hast. Schließlich musst du auch erst einmal in Australien ankommen und dich zurechtfinden.

Vielfliegermeilen sammeln

Die meisten Fluggesellschaften bieten ein kostenloses Vielfliegerprogramm an. Melde dich dort an, denn bei deinem Flug nach Australien kannst du viele Meilen sammeln und sie später in einen Freiflug oder in ein Upgrade umtauschen.

Die meisten Flüge nach Australien starten in Frankfurt/Main oder München. Wenn du nicht im Umfeld wohnst, erkundige dich bei deiner Fluggesellschaft, der Bahn oder im Reisebüro nach Rail&Fly-Tickets. Sie sind in der Kooperation zwischen der Deutschen Bahn und vielen Fluggesellschaften entstanden. Damit kommst du mit der Bahn zu einem vergünstigten Preis oder sogar kostenlos zu deinem Zielflughafen.

Der Flug ans andere Ende der Welt ist leider nicht billig. Die Preise variieren stark je nach Saison und Anbieter. In der Regel gilt: Flüge im deutschen Frühling, d.h. im australischen Herbst sind günstiger, Flüge in der Weihnachtszeit, d.h. im australischen Sommer teurer. Für ein Einwegticket (*one way ticket*) musst du mit 700 bis 900 EUR, für ein Hin- und Rückflugticket (*return ticket*) mit 900 bis 1.400 EUR rechnen. Wenn du studierst, solltest du bei den Fluggesellschaften auch nach Studententarifen fragen.

Round the World Ticket

Bei Rucksackreisenden ist das Round the World Ticket sehr beliebt. Damit kannst du eine Route mit kurzen oder längeren Aufenthalten in verschiedenen Ländern planen. Das Ticket ist maximal 12 Monate gültig und nicht verlängerbar. Der Preis hängt von der Anzahl der Flüge und Flugmeilen ab.

Tipps für den langen Flug

Damit dir während des Flugs nicht langweilig wird, haben fast alle Fluggesellschaften Unterhaltungsprogramme an Bord. Aktuelle Musik und Filme lassen die Zeit schneller vergehen. Auch dein Reiseführer, griffbereit im Handgepäck, steigert die Vorfreude während des Flugs. Vergiss nicht, öfter mal deine Füße zu kreisen und alle paar Stunden aufzustehen, um deine Beine zu bewegen. Und auch Kompressionsstrümpfe helfen gegen schwere Beine oder Thrombose und werden auf dem Flug von vielen jungen Menschen getragen!

Viele internationale Fluggesellschaften wie Qantas, Ethiad Airways oder Emirates bieten Routen nach Australien an. Welche du wählst, hängt unter anderem auch davon ab, wo du landen möchtest: Soll dein Work & Travel-Abenteuer in Adelaide, Brisbane, Cairns, Darwin, Melbourne, Perth oder Sydney starten? Alles ist möglich!

2.5.1 Zwischenstopps

Für die Wahl deines Flugs ist auch die Reisedauer wichtig: Um von Deutschland nach Down Under zu gelangen, musst du mit einer Reisezeit zwischen 20 und 30 Stunden und mindestens einem Zwischenstopp rechnen. Direktflüge von Europa nach Australien sind noch nicht möglich.

Dafür gibt es aber viele Stopover-Optionen, wobei die beliebtesten Ziele in Asien liegen: Singapur, Dubai, Abu Dhabi und Bangkok. Viele Backpacker nutzen den Stopover für einen längeren Aufenthalt, um mal wieder in einem richtigen Bett zu schlafen oder etwas Neues zu sehen. Überlege, ob das auch für dich in Frage kommt, denn normalerweise verlangen die Fluggesellschaften für die Reiseunterbrechung keinen Aufpreis. Es fallen also nur Übernachtungs- und Verpflegungskosten an.

Die Wahl deines Zwischenstopps musst du schon bei der Flugbuchung mit angeben, aber das Datum des Weiterflugs kannst du vor Reiseantritt umbuchen. Allerdings solltest du die länderspezifischen Einreise- und Zollbestimmungen beachten!

2.6 Versicherungen

Das Portemonnaie geht verloren, der Camper ist kaputt oder der Zahn tut weh. Unvorhersehbares passiert schneller als du denkst und kann ein großes Loch in deine Reisekasse reißen! Was also tun? Um unbeschwert reisen zu können, solltest du gut versichert sein!

Vor Reiseantritt solltest du gut überlegen, welche Versicherungen du tatsächlich brauchst. Folgende Möglichkeiten gibt es:

- Auslandskrankversicherung (auf jeden Fall!)
- Haftpflichtversicherung
- Gepäckversicherung
- Unfallversicherung
- Reiserücktrittsversicherung

Gesundheit

Deine Gesundheit ist das A und O einer schönen Reise! Wenn du gut auf dich Acht gibst und ausreichend versichert bist, hast du am meisten Spaß. Neben den üblichen Versicherungsgesellschaften bieten dir viele Organisationen und Agenturen gute Versicherungspakete an.

Gut versichert? Der Skydive ist ein toller Fun- und Adrenalin-Kick

Bevor du neue Versicherungen abschließt, überprüfe deine bestehenden Versicherungen und kläre, ob sie auch im Ausland in Kraft treten. Je nach Länge der Reisedauer lohnt es sich, den Leistungsanspruch zu unterbrechen oder gar zu kündigen.

Für den Auslandsaufenthalt kommen viele verschiedene Versicherungsgesellschaften in Frage, die unterschiedliche Leistungen und Preise haben. Die meisten sind mittlerweile auf Backpacker vorbereitet und bieten Pakete an, die dich rundum versorgen. Schau dir die einzelnen Leistungen genau an, denn diese Pakete sind nicht immer auf dich persönlich zugeschnitten. Sind beispielsweise auch Extremsportarten bzw. „Gefährliche Tätigkeiten" (Fallschirmspringen, Bungee Jumping etc.) enthalten? Ist eine Versicherung (zum Beispiel Haftpflicht) schon vorhanden? Natürlich musst du aber auch nicht für jede mögliche Situation vorbereitet sein.

2.6.1 Auslandskrankenversicherung

Der Versicherungsschutz der gesetzlichen und teilweise der privaten Krankenkassen gilt nicht außerhalb von Europa.

Aus diesem Grund ist das Abschließen einer Auslandskrankenversicherung ein absolutes Muss!

Unter der Vielzahl der Versicherungsanbieter haben vor allem HanseMerkur, ERGO Direkt und TravelSecure ein gutes Preis-Leistung-Verhältnis. In der Regel übernehmen alle die Kosten für die ambulante und stationäre Heilbehandlung. Viele Versicherungen zahlen einen medizinisch notwendigen Rücktransport (z.B. wenn nicht die geeignete medizinische Ausrüstung vorhanden ist), andere bieten auch einen medizinisch sinnvollen Rücktransport an. Letzteres gewährleistet, dass du auch dann nach Hause transportiert wirst, wenn dies unter psychischen Gesichtspunkten den Heilungsprozess fördert.

Außerdem solltest du darauf achten, dass dein Versicherungsanbieter keinen oder nur einen sehr geringen sogenannten „Selbstbehalt" verlangt. „Selbstbehalt" ist der Betrag, den du selbst beim Arzt bezahlen musst, also: deine Selbstbeteiligung. Alles, was deinen „Selbstbehalt" übersteigt, übernimmt die Versicherung. In der Regel sind die Tarife mit zu zahlendem „Selbstbehalt" günstiger, aber nicht unbedingt besser.

Da du in Australien sicherlich arbeiten willst, um internationale Erfahrungen auf dem Arbeitsmarkt zu sammeln und deine Reisekasse aufzubessern, solltest du darauf achten, dass die Versicherung auf Work & Travel ausgelegt ist. Das heißt, dass nicht nur der Urlaub, sondern auch das Arbeiten abgesichert ist.

Weitere Pluspunkte, die eine Auslandskrankenversicherung haben sollte:
- Freie Arzt- und Krankenhauswahl
- Rückerstattung von Beiträgen bei vorzeitiger Rückreise
- Übernahme von schmerzstillenden Zahnbehandlungen
- Zahlung von ärztlich verordneten Arznei-, Heil- und Verbandsmitteln

- Absicherung von ambulanten und stationären Behandlungen
- Keine vorherige Gesundheitsprüfung

Beim Planen deines Work & Travel-Abenteuers solltest du bedenken, dass du alle Versicherungen vor Reiseantritt abschließen musst. Dadurch kommen noch einmal Kosten auf dich zu. Eine Auslandskrankenversicherung für ein Jahr kostet zwischen 350 und 800 EUR. Das ist nicht viel, wenn man es auf ein Jahr verteilt und bedenkt, welche hohen Kosten in Extremfällen entstehen könnten.

Solltest du eine günstigere Versicherung finden, überprüfe noch einmal die maximale Auslandsaufenthaltsdauer. Viele bieten dir nämlich einen Tarif für höchstens 6 Wochen an – ein Zeitraum, der vermutlich für die meisten Backpacker zu kurz ist. Solltest du schon vor Reisebeginn über ein zweites Work & Travel-Jahr nachdenken, wäre es nicht verkehrt, darauf zu achten, dass dein Auslandskrankenschutz nicht nach den üblichen 12 Monaten endet und du deinen Tarif auch aus dem Ausland ändern kannst.

Da deine deutsche Krankenkasse während deiner Zeit in Australien keine Versicherungsleistungen erbringt, kannst du Geld sparen und die Mitgliedschaft vor Reisebeginn kündigen. Das ist ohne Probleme möglich, da alle deutschen Krankenkassen durch die Versicherungspflicht gezwungen sind, dich nach deiner Reise wieder aufzunehmen. Du musst also keine Angst haben, ohne gesetzliche Krankenkasse dazustehen oder dich notgedrungen bei einer privaten anmelden zu

> **Weiter nach Nordamerika**
>
> Wenn du eine Weiterreise in die USA oder/und nach Kanada planst, wirst du mit einer höheren Gebühr deiner Auslandskrankenversicherung rechnen müssen. Da die dortigen medizinischen Untersuchungen und Behandlungen teurer sind, unterscheiden die Anbieter zwischen einer Versicherung weltweit und weltweit inklusive USA/Kanada.

müssen. In den meisten Fällen wirst du deine Krankenkasse allerdings nicht frei wählen können, sondern nur bei deiner „alten" wieder aufgenommen werden.

Alternativ kannst du dich auch als freiwillig versichertes Mitglied bei deiner deutschen Krankenversicherung anmelden. Mit der sogenannten Anwartschaftsversicherung zahlst du für die Dauer deiner Reise eine geringe Gebühr (ca. 45 EUR pro Monat), hast allerdings keine Leistungsansprüche.

2.7 Gesundheitsvorsorge

Du willst topfit in Australien unterwegs sein?! Dann mach noch einmal einen Gesundheits-Check bei deinem Hausarzt und gehe zur Vorsorgeuntersuchung bei deinem Zahnarzt ein bis zwei Monate vor deiner Abreise. Nichts ist schlimmer, als während des Surfens bei Sonnenaufgang von quälenden Zahnschmerzen geplagt zu sein.

Auch deinen Impfpass solltest du rechtzeitig kontrollieren. Es sind zwar keine speziellen Impfungen für deinen Aufenthalt in Down Under erforderlich, aber die Standardimpfungen gelten im Allgemeinen als wichtiger Rundumschutz. Dazu zählen Tetanus (Wundstarrkrampf), Diphtherie (Infektion der oberen Atemwege), Pertussis (Keuchhusten), Poliomyelitis (Kinderlähmung) sowie Impfungen gegen Hepatitis A und B. Fehlt etwas, dann schnell beim Hausarzt auffrischen lassen. Notfalls beziehungsweise kurzfristig ist auch eine praktische Kombi-Impfung mit mehreren Impfstoffen möglich.

Achtung Sonne: Aufgrund der dünnen Ozonschicht ist die Sonneneinstrahlung in Australien sehr stark. Die Gefahr von Sonnenbrand ist hier viel größer als in Deutschland. Die Hautkrebsrate ist auf dem 5. Kontinent so hoch wie in keinem anderen Land der Welt. Um dich optimal vor der Sonne zu schützen, solltest du regelmäßig eine Sonnencreme mit hohem Lichtschutzfaktor benutzen (auch bei bewölktem Himmel!) und eine Kopfbedeckung tragen. Auch Sonnenbrille und weite Kleidung, die deine Haut bedeckt, sind im Freien ein wichtiger Schutz.

2.8 Sonstige Vorbereitungen

2.8.1 Brauche ich einen Sprachkurs?

Hab keine Angst vor der englischen Sprache. Auch wenn es am Anfang etwas holprig sein sollte, die alltäglichen Begriffe lernst du automatisch. Die Aussies sind die liebenswertesten und hilfsbereitesten Menschen auf der Welt. Mit Händen und Füßen kannst du dich mit jedem verständigen. In der Regel reicht also dein Schulenglisch aus.

Sprachkurse sind dann hilfreich, wenn du recht schnell in einem Büro oder einem anderen „gehobenen" Gewerbe arbeiten möchtest, wo hervorragendes Business English gefordert wird. Für die Arbeit auf Farmen oder für den Alltag benötigst du nicht unbedingt einen Sprachkurs.

Wenn du dich aber sicherer fühlen möchtest oder deine Englischkenntnisse aufbessern willst, kannst du entweder vorher einen Englischkurs in einer Volkshochschule belegen oder zu Beginn deiner Reise eine Sprachschule direkt in Australien besuchen.

Englisch

Am besten lernst du die englische Sprache, indem du dich viel mit den Australiern unterhältst und an ihrem Leben teilnimmst.
Wenn du einen Reiseführer mitnimmst, dann auf Englisch. So lernst du gleich auch die englischen Begriffe.

Wohin soll es gehen?
Du hast die Wahl!

Die meisten Organisationen und viele Agenturen bieten Englischkurse mit unterschiedlichen Sprachniveaus und kleinen Teilnehmerzahlen an. Wie lange der Kurs dauert, kannst du selbst entscheiden; der Mindestzeitraum liegt jedoch bei zwei Wochen. Für einen deutlichen Lernerfolg empfehlen wir einen 4-Wochen-Kurs. Der längere Zeitraum macht sich natürlich auch bei den Kosten bemerkbar: Für einen 2-wöchigen Englischkurs in Australien zahlst du mindestens 600 AUD; für jede verlängerte Woche musst du ca. 250 AUD dazu rechnen.

Während deines Sprachkurses wirst du in einer Gastfamilie oder einem Wohnheim untergebracht. Wer einen Sprachkurs nicht in Deutschland, sondern Down Under besucht, hat den Vorteil, in seiner Freizeit das Land und seine Bewohner kennenzulernen und seine neuen oder aufgefrischten Kenntnisse gleich im Alltag anzuwenden. In den Kursen triffst du auch Gleichgesinnte, mit denen du später gemeinsam etwas unternehmen kannst. Einige Sprachschulen bieten zudem eine anschließende Job- oder Praktika-Vermittlung an und erleichtern dir damit den Einstieg auf dem australischen Arbeitsmarkt.

2.8.2 Reiseroute planen

Willst du wissen, wie ein Koala riecht, wie australisches Bier schmeckt, ob das Great Barrier Reef wirklich so farbenprächtig ist oder ob die Wüste so unendlich trocken und weit ist, wie alle behaupten? Bevor du nach Australien aufbrichst, solltest du eine grobe Vorstellung davon haben, welche Ziele du down under hast. Wo liegen deine Interessen, welche Sehenswürdigkeiten wolltest du schon immer besuchen und welche Art Abenteuer möchtest du unbedingt erleben?!

Generell empfehlen wir dir, dich nach deiner Lust und Laune und vom australischen Wind durch das Land führen zu lassen. Dennoch werden einige Faktoren deine Reise beeinflussen: So musst du zum Beispiel bedenken, dass es in manchen Regionen eine Regenzeit gibt, während andere Teile Australiens gerade unter unglaublich hohen Temperaturen und Trockenheit leiden. Der 5. Kontinent hat verschiedene Klimazonen (siehe Kapitel „Klima"), die du bei der Planung deiner Reiseroute unbedingt berücksichtigen solltest. Auch die Jobsituation kann ein wichtiges Kriterium sein. Die meisten Arbeitsstellen gibt es bei der Erntearbeit. Hier kommt es aber immer darauf an, wann was wo Saison hat und gepflanzt, geerntet oder verpackt wird. Auch die Ankunft der anderen Backpacker solltest du nicht außer Acht lassen. Vor allem im September und Oktober zieht es viele Traveller nach

Geld
Nimm so viel Geld mit, wie du kannst! Das erleichtert die Wahl der Reiseroute und macht den Start in dein Work & Travel-Abenteuer einfacher und flexibler.

Party
Bald geht es los! Da wird es Zeit auf Wiedersehen zu sagen. Vielleicht mit einer Abschiedsparty?!

Down Under. Wenn du in diesen Monaten in Australien ankommen und sofort nach einem Job suchen möchtest, bist du in den Ankunftsstädten Sydney oder Melbourne einer besonders hohen Zahl von Konkurrenten ausgesetzt. Auch die Preise beim Autokauf steigen zu dieser Zeit enorm, weil die Nachfrage sehr hoch ist. Andererseits triffst du zu diesem Zeitpunkt die meisten Reisestarter an einem Ort.

Bist du erst einmal in Australien angekommen, eröffnen sich dir unendlich viele Möglichkeiten. Was du tust und wohin deine Reise als erstes gehen soll - das entscheidest allein du. Wir raten dir aber davon ab, sofort nach Ankunft allein und unvorbereitet in das Outback zu fahren. Du orientierst dich besser und integrierst dich leichter in das australische Leben, wenn du die ersten Tage in einer bewohnten Gegend verbringst.

2.8.3 Alltag aufgeben

Habe ich noch etwas vergessen? Ganz sicher! Bei der Planung deines Work & Travel-Abenteuers passiert es schnell, dass du Offensichtliches übersiehst. Schließlich musst du auch noch alltägliche Dinge rechtzeitig erledigen. Hast du dir schon überlegt, was mit deiner Wohnung oder deinem WG-Zimmer passieren soll? Das müsstest du vor dem Abflug fristgerecht kündigen oder untervermieten. Bedenke, dass du während deiner Work & Travel-Zeit in Australien eine deutsche Meldeadresse haben musst (siehe Kapitel „Working Holiday Visum"). In der Regel reicht die Ummeldung zum Wohnsitz der Eltern oder von Bekannten.

Damit wichtige Post nicht verloren geht, kannst du bei der deutschen Post einen Nachsendeauftrag stellen. So werden deine Pakete und Briefe sicher zur neuen Adresse umgeleitet.

Auch bei deiner Arbeitsstelle musst du rechtzeitig deine Kündigung einreichen oder bei deinem Chef nach einer län-

Qantas ist Australiens bekannteste Airline

geren Auszeit fragen. Immer mehr Arbeitgeber sehen Work & Travel als Weiterbildung, Motivationsschöpfung oder wichtige Pause und gewähren oft das sogenannte Sabbatical – eine mehrmonatige Auszeit vom Joballtag. In diesem Fall müsstest du nach deiner Reise nicht nach einem neuen Job in Deutschland suchen.

Eine weitere wichtige Frage, die oft vergessen wird: Hast du noch laufende Abonnements oder Verträge? Auch die solltest du rechtzeitig kündigen oder einfrieren lassen, um unnütze Kosten während deiner Reise zu verhindern.

Damit lästige Probleme in Deutschland deinen Australienaufenthalt nicht beeinträchtigen, ist es sinnvoll, einem Familienangehörigen oder einer vertrauten Person eine Vollmacht auszustellen. So kann er oder sie eventuelle Angelegenheiten wie das Ausfüllen von Formularen oder Bankgeschäfte stressfrei für dich erledigen. Damit deine Vertrauensperson bei Bedarf an die notwendigen Informationen kommt, ist ein Ordner mit den wichtigsten Dokumenten sehr hilfreich. Darin stellst du alles zusammen, was während deiner Abwesenheit von Bedeutung sein könnte: eventuell offene Rechnungen, Vertragsnummern, Bankdaten, Hausschlüssel etc.

Und was ist mit Bargeld für die Reise? In der Regel brauchst du kein Bargeld mit nach Australien zu nehmen: Bereits an den Flughäfen stehen überall Bankautomaten (ATMs) und auch die meisten Unterkünfte sind optimal ausgerüstet. Wenn du dich sicherer fühlen möchtest und nicht direkt nach der Ankunft in Australien einen Bankautomaten suchen willst, dann kannst du zwischen 50 und 100 Dollar, beispielsweise für das Flughafen-Taxi oder den Bus, mitnehmen. Australisches Bargeld bekommst du in Deutschland bei deiner Bank. Meistens ist der australische Dollar dort nicht vorrätig und die Beschaffung braucht daher ein paar Tage Zeit. In der Regel dauert das aber nicht länger als zwei Wochen.

Sind alle Aufträge und Fristen geklärt, geht es natürlich noch zum Shopping. Schließlich muss noch die passende Ausrüstung her. Den richtigen Rucksack und praktische Funktionskleidung, wie zum Beispiel Wanderschuhe, wirst du in Australien auf jeden Fall benötigen. Viele der Outdoor-Shops bieten dir ein riesiges Sortiment an praktischen Dingen für den Reise-Alltag oder dein Camping-Equipment. Überlege genau, was du wirklich benötigst! Übergepäck auf dem Flug ist teuer und macht dir auch in Australien keine Freude. Die meisten Dinge kannst du auch noch down under besorgen, wenn du sie brauchst. Die Ausrüstung zum Zelten oder zum Reisen mit dem Auto gibt es hier sogar sehr günstig von anderen Backpackern.

> **Rollkoffer**
> Rollkoffer sind für Work & Travel nicht zu empfehlen!

Bist du erst in Australien, wirst du einen ganz neuen Alltag und andere Gewohnheiten kennenlernen. Wenn du dich von deinem alten Leben verabschiedest, warum dann nicht auch gleich von einigen Gegenständen und unnötigem Ballast trennen?! Bevor du Deutschland verlässt, kannst du viele deiner Möbel und Gebrauchtsachen verkaufen (an Bekannte, Ebay etc.). Das erspart dir Arbeit und Platz beim Umzug und

Sparsam packen

Alles, bei dem du denkst „vielleicht" oder „könnte ich eventuell gebrauchen", kannst du mit gutem Gewissen zu Hause lassen. Australien ist ein modernes Land, in dem du alles besorgen kannst, was dir fehlt.

Vermeide große Teile und unnötige Dinge! Hast du die Wahl zwischen elektrischen und manuellen Geräten (wie beispielsweise bei einer Zahnbürste), dann solltest du die Variante mitnehmen, die keinen Strom verbraucht. Das bewährt sich spätestens dann, wenn du mitten im Regenwald oder am einsamen Strand bist und weit und breit keinen Strom zapfen kannst.

bringt noch einmal ein bisschen Geld in deine Reisekasse. Vor allem Kleidung und technische Geräte wie Kühlschrank, Fernseher oder Drucker, die vielleicht kaputt gehen, wenn du sie längere Zeit nicht benutzt, eignen sich dafür gut.

2.9 Ich packe meinen Rucksack ...

2.9.1 Der richtige Backpacker-Rucksack

Die Wahl des richtigen Backpacker-Rucksacks ist sehr wichtig. Er wird auf deiner Reise dein bester Freund oder Feind, denn du trägst ihn fast jeden Tag mehrere Stunden auf deinen Schultern – vor allem auf mehrtägigen Wanderungen. Das wichtigste ist, dass dir dein Rucksack gut passt, d.h. dass er deiner Größe und deinem Gewicht entspricht. Das größte Volumen ist keinesfalls das Beste, denn schließlich musst du alles, was du einpackst, auch mit dir herumtragen! Was genau den perfekten Rucksack ausmacht, ist bei jedem unterschiedlich. Auf jeden Fall solltest du ihn vorher an- oder ausprobieren. Der professionelle Outdoor-Store nebenan hilft dir dabei weiter.

2.9.2 Was nehme ich mit?

Alles ist organisiert, der Flug ist gebucht – jetzt geht es an das Taschepacken! Nun musst du dir genau überlegen, was du in Australien wirklich benötigst. Bedenke immer, dass alles, was du mitnimmst, Gewicht auf deinen Schultern ist! Mach dich nicht unbeweglich, denn garantiert führt dich dein Work & Travel-Abenteuer an die schönsten und manchmal verrücktesten Orte – da willst du ganz sicher nicht durch dein vollgepacktes und überschweres Reisegepäck eingeschränkt sein.

Natürlich musst du deinen Rucksack nach deinen persönlichen Bedürfnissen packen. Wir haben dir aber die wichtigsten Dinge zusammengestellt, die du zu Beginn deiner Reise brauchst.

Dokumente und Finanzen

Generell solltest du alle wichtigen Dokumente als digitale Kopie mitnehmen, beispielsweise auf einem USB-Stick oder in der Cloud gespeichert. Um deine Dokumente auf der Reise optimal vor Nässe oder Sand zu schützen, ist eine wasserdichte Dokumententasche oder ein gut verschließbarer Zip-Beutel sehr nützlich. Traveller-Schecks oder eine große Summe Bargeld brauchst du zur Einreise und auch während der Reise nicht. Bereits am Flughafen und fast überall down under findest du Bankautomaten (ATMs), an denen du bequem an Geld kommst.

- Flugticket
- gültiger Reisepass
- Visum und Zahlungsbestätigung
- Nachweis deiner finanziellen Mittel
- Personalausweis
- Versicherungsunterlagen wie z.B. Auslandskrankenversicherung
- Internationaler Führerschein

- vorgeschriebene Bewerbung, Lebenslauf, Arbeitszeugnisse (Kopien auf einem USB-Stick etc. reichen aus)
- Passbilder
- Adresse der ersten Unterkunft
- Belege bereits gebuchter Touren
- Nummern und Adressen von Notfallkontakten, Versicherungen, Banken etc. (falls du beispielsweise deine Visa-Karte sperren lassen musst)
- internationaler Schüler-/Studentenausweis
- Impfpass, medizinische Dokumente (falls nötig)
- Geldkarte/Kreditkarte
- TAN-Liste für Online-Banking
- Ggf. Bargeld (wir empfehlen ca. 50 bis 100 AUD für den Start, um am Anfang das Taxi vom Flughafen in die Stadt o.ä. bezahlen zu können)

Kleidung

Leichte und dünne Kleidungsstücke sowie Funktionskleidung sind praktisch, sparen Platz und Gewicht. In der Regel kommst du mit 7 T-Shirts aus, schließlich gibt es auch down under genügend günstige Waschmaschinen oder andere Waschmöglichkeiten. Die folgende Liste versteht sich inklusive Handgepäck und bereits beim Hinflug getragener Kleidung:

- Mütze/Kopfbedeckung
- Sonnenbrille
- 2 lange Hosen und 1 x kurze Hose/Rock
- Jacke/Regenjacke
- 7 T-Shirts
- 2 Pullover (auch in Australien kann es kalt und regnerisch sein)
- 1 Abendgarderobe (wenn du planst in der Gastronomie zu arbeiten oder stilvoll auszugehen)
- 2 Paar Schuhe (1x leichte und 1x feste Wanderschuhe)
- 10 x Unterwäsche und 2 BHs

- 10 Paar Socken
- Badesachen
- Pyjama
- Sport-/Wanderbekleidung

Elektronik
- USB-Stick/externe Festplatte
- Kamera mit Akku/Ersatzakku und Ladekabel
- Laptop/Notebook/Tablet mit Ladekabel
- Stromadapter
- Handy/Smartphone (ohne SIM-Lock) mit Ladekabel
- Ggf. Solar-Ladestation für Elektrogeräte

Pflege/Kultur

Für die ersten Tage reichen viele der Kultursachen als Reise-/Probepackung aus. Du kannst sie später in so gut wie jedem Geschäft nachkaufen und wirst feststellen, dass sie den australischen Gegebenheiten besser angepasst sind:
- Zahnbürste, Zahnpasta, Zahnseide
- Duschgel/Seife, Haarshampoo (gibt es praktisch als Kombi-Produkt)
- Gesichtscreme/Bodylotion
- Sonnencreme
- Kamm
- Deo
- Rasierer, Rasierschaum
- Brille und Etui/Kontaktlinsen und -flüssigkeit
- Tampons/Binden (für einen Monat)/Mooncup
- Nagelschere und Pinzette, Mini-Handspiegel
- Ggf. Make-up (das Nötigste)
- Handtuch
- Taschentücher

Reiseapotheke
- Mittel gegen Schmerzen, Durchfall, Reisekrankheit
- individuell benötigte Medikamente
- Anti-Baby-Pille (Jahresvorrat) oder Alternative
- Pflaster
- kleines Desinfektionsspray

Sonstiges
- kleiner Tagesrucksack für Wanderungen etc.
- Reiseführer
- Schweizer Taschenmesser/Multitool
- kleine Taschenlampe
- Reise-Nähset (Nadel und Faden)
- Uhr/Wecker (falls nicht im Handy/Smartphone integriert)
- kleines Vorhängeschloss zum Verschließen von Rucksack oder Schließfach
- durchsichtiger Beutel für Flüssigkeiten im Handgepäck

Handgepäck
In dein Handgepäck gehört alles, was du für den langen Flug und den ersten Tag in Australien benötigst. Es kann nämlich vorkommen, dass der Backpacker-Rucksack von der Fluggesellschaft erst mit einem späteren Flug gebracht wird. Was in dein Handgepäck kommt, wählst du aus der obigen Liste aus. Beachte, dass spitze Gegenstände wie Nagelschere oder Nadeln nicht ins Handgepäck dürfen und du in der Regel maximal 5 Kilogramm mitnehmen darfst.
- alle wichtigen Unterlagen
- Flüssigkeiten/Cremes im durchsichtigen Plastikbeutel und nur in erlaubter Menge (max. 100 Milliliter)
- Medikamente (nur für den Flug und die ersten Trage, ggf. mit englischer Bestätigung vom Arzt)
- 1 x Unterwäsche und T-Shirt
- Zahnbürste, Zahnpasta

2.9.3 Was lasse ich zu Hause?

- Luxusgegenstände (zum Beispiel Haartrockner)
- mehrere Packungen Sonnencreme, Duschgel, Shampoo (Die Produkte in Australien sind den dortigen Verhältnissen besser angepasst und überall erhältlich. Für die ersten Tage reichen Probepackungen.)
- unnötige Campingausrüstung (Wenn du noch nicht weißt, ob du zelten wirst.)
- Ordner mit den wichtigsten Dokumenten/Informationen sowie eine Vollmacht für Familienangehörige oder Vertrauensperson
- Hausschlüssel
- Bettwäsche (In den Hostels steht dir alles zur Verfügung. Die Benutzung von selbst mitgebrachten Bezügen oder Schlafsäcken ist nicht erlaubt.)
- alte Angewohnheiten

> **Übergewicht**
> In der Regel darfst du auf dem Flug nicht mehr als 20 Kilogramm mitnehmen ohne zuzuzahlen!

2.9.4 Wie packe ich meinen Rucksack?

Jeder packt sein Reisegepäck anders. Mit Kompressionsbeuteln oder auch einfach ein paar Plastiktüten bringst du Ordnung in dein Gepäck. Wenn du Kleidung wie Hosen und Shirts zusammenrollst, spart das eine Menge Platz im Rucksack.

Die schweren Gegenstände platzierst du am besten mittig und nah am Rücken. Achte auch darauf, dass du das Gewicht ausgeglichen verteilst, damit der Rucksack beim Gehen nicht zur Seite schwankt und unnötig zur Last wird. Dein fertig gepackter Backpack sollte am Ende nicht mehr als ein Viertel deines Körpergewichts schwer sein. Wenn du ungefähr 60 Kilogramm wiegst, sind das maximal 15 Kilogramm Rucksackgewicht. In der Regel kommst du aber mit 10 bis 14 Kilogramm Reisegepäck sehr gut aus.

3 | Ankunft im neuen Land (*G´Day Australia!*)

Fremde Sprache, andere Geräusche, neue Gerüche und Linksverkehr! Der Start in der Großstadt am anderen Ende der Welt ist nicht einfach. Alles ist neu, die Regeln sind ungewohnt und die ersten Entscheidungen und Behördengänge müssen gemacht werden. Das ist anstrengend. Lass dich aber nicht stressen, mach eines nach dem anderen.

Am angenehmsten ist es, in den ersten Tagen die Behördengänge mit Sightseeing zu verbinden. Es gibt so viel zu sehen und zu erleben. Wie wäre es also erst einmal mit einem Spaziergang über die Harbour Bridge mit Blick auf das Opera House in Sydney, einem entspannten Nachmittag im Kings Park von Perth oder einem Kaffee auf dem Federation Square in Melbourne?!

Du wirst schnell feststellen, dass viele Work & Traveller sofort in Panik auf Arbeitssuche gehen. Lass dich von dem Stress anderer nicht anstecken. Hast du genug Geld in deiner Reisekasse und bist nicht sofort auf Arbeit angewiesen? Warum dann nicht erst einmal losreisen?! Australien ist groß und es gibt so viel zu entdecken! Ist das Reisebudget knapp, schau dich nach einer Arbeit um, die zu dir passt. Aber besser in den umliegenden Gegenden als in der Großstadt, wo alle suchen.

Vorsicht Kulturschock: Der Anfang ist nicht leicht – leider. Manch einer weiß nach seiner Ankunft gar nicht, was er zuerst machen soll. Die Leute sind merkwürdig, du verstehst den australischen Dialekt nicht, das Essen schmeckt nicht

> **Immer mit der Ruhe**
> Eines nach dem anderen. Komm erst einmal an, atme tief durch und erkenne, dass du endlich am Ziel bist – *G'Day Australia*!

Einige Kreuzungen Down Under können ziemlich verwirrend sein

wie sonst und irgendwie sieht alles anders aus als in deinen Träumen. Spätestens dann, wenn du dich fragst, was du hier überhaupt machst, spricht man vom Kulturschock. Dieses ziemlich verwirrende Phänomen ist ganz normal und geht auf jeden Fall vorbei, wenn du dich von deinen Gewohnheiten lösen kannst. Um den Kulturschock zu überwinden, ist es wichtig, dass du positiv denkst und die australische Kultur bewusst wahrnimmst und erkundest. Nur, weil es anders ist, ist es nicht gleich schlecht! Sei offen für die Menschen und sprich viel mit anderen. So bekommst du gleich auch ein paar gute Insider-Tipps von Backpackern oder Australiern, die dir im Alltag und auf deiner Reise weiterhelfen. Besonders wichtig ist es auch, dass du dich von zu Hause und von Deutschland löst. Du musst nicht jeden Tag mit Daheim telefonieren und deine E-Mails checken, um zu wissen, was zu Hause passiert. Lass dich auf dein neues Leben und den neuen Alltag down under ein. Dann wirst du dich ganz natürlich an alles gewöhnen und deinen Weg gehen.

3.1 Das Wichtigste zuerst: Wie komme ich vom Flughafen in die City?

Nachdem du deinen ersten Fuß auf australischen Boden gesetzt hast, stellt sich natürlich die Frage: Wie komme ich vom Flughafen in die Stadt?! Wie du zum Beispiel zu deinem Hostel kommst, kannst du auf jeden Fall vor Reisebeginn planen. Nach dem langen Flug und der Ankunft im neuen Land ist die Suche nach der passenden Transportmöglichkeit nur ein weiterer Stressfaktor. Das heißt aber nicht, dass es unmöglich ist.

> **Geld abheben**
> Bankautomaten, an denen du Geld abheben kannst, heißen in Australien *Automated Teller Machine* – ATM. Die Bezahlung mit der Karte nennt man übrigens EFTPOS (*Electronic Fund Transfer at Point Of Sale*).

Es gibt viele Transferservices wie Taxis (Sammeltaxis), die direkt am Flughafen auf Traveller warten. Auch spezielle Backpacker-Shuttle-Services bringen dich in die Stadt. Manche Hostels bieten dir bereits bei der Buchung einen Abhol-Service an. Frag einfach mal nach! Weitere Möglichkeiten sind natürlich auch Busse, Regional- oder S-Bahnen – je nach Ankunftsstadt.

3.2 Was mache ich gegen Jetlag?

Du hast mehr als 20 Stunden in einem Flugzeug verbracht und mehrere Zeitzonen überwunden. Die Zeitverschiebung zwischen Australien und Deutschland liegt zwischen 8 und 11 Stunden (je nach deutscher Sommer-/Winterzeit und Ort in Australien). Dein Schlaf-Wach-Rhythmus ist gestört. Und auch die Anstrengung der Reise selbst macht sich bemerkbar. Da ist es ganz normal, dass du einen Jetlag hast. Du fühlst dich müde und erschöpft. Übelkeit, Unwohlsein und Appetitlosigkeit sind weitere Begleiterscheinungen. Und auch Stimmungsschwankungen sind in den ersten Tagen normal.

Blick vom Olympic Drive auf Harbour Bridge und Sydney City

Um einen Jetlag zu vermeiden oder abzumildern, solltest du vor und während des Fluges viel Flüssigkeit und leichte Gerichte zu dir nehmen. Verzichte auf Alkohol! Bist du endlich in Down Under angekommen, pass dich so schnell wie möglich dem australischen Alltag an. Stell deinen Tagesablauf auf australisch um und übernimm die dortigen Essenszeiten, Schlafzeiten etc. Auch wenn du müde bist, geh mitten am Tag NICHT schlafen! Sonst verschlimmerst und verlängerst du deinen Jetlag! Und auch wenn du zur Mittagszeit noch keinen Hunger verspürst, eine kleine und leichte Mahlzeit solltest du essen.

Ganz wichtig ist es, dass du dich nach deiner Ankunft down under im Freien aufhältst. Geh raus in die Helligkeit, damit sich dein Körper an die neue Zeit gewöhnt! Auch ausreichend Schlaf ist in der ersten Nacht besonders wichtig! Dann klappt der Start in den nächsten Tag umso besser.

Jetlag überwinden

- viel Flüssigkeit und leichte Mahlzeiten vor und während des Flugs
- schnelle Anpassung an den australischen Alltag (Essenszeiten, Schlafzeiten etc.)
- Aufenthalt im hellen Tageslicht (an der frischen Luft)
- ausreichend Schlaf in der ersten Nacht
- keine Überanstrengung in den ersten 2 Tagen

Generell solltest du dich in den ersten zwei Tagen nicht überanstrengen. Wir empfehlen dir, nach deiner Ankunft eine kleine und entspannte Sightseeing-Tour an der frischen Luft. Nach 2 bis 3 Tagen hast du in der Regel deinen Jetlag überwunden. Manchmal kannst du aber auch nach mehreren Tagen noch leichte Begleiterscheinungen spüren. Aber irgendwann wird sich deine innere Uhr auf australisch umstellen.

3.3 Wie eröffne ich ein australisches Konto? (*open a bank account*)

Es lohnt sich auf jeden Fall, in Australien ein Konto (*bank account*) zu eröffnen. Das erleichtert jede Bezahlung sowie (kostenloses) Geldabheben und Geldverdienen überall down under. Wenn du arbeiten gehen möchtest, ist ein australisches Konto sogar notwendig für die Gehaltsüberweisungen. Die Westpac Bank, ANZ, NAB und die Commonwealth Bank zählen zu den größten Banken in Australien und sind in fast jedem Ort zu finden. Sie bieten dir günstige Konditionen an und sind im Hinblick auf Service und Möglichkeiten auf Work & Holiday Maker wie dich eingestellt.

Die Eröffnung eines australischen Bankkontos ist ziemlich leicht: Geh einfach in eine Filiale deiner Wunschbank und sage den Angestellten, dass du Backpacker aus Deutschland bist und ein Bankkonto eröffnen möchtest. In der Regel wissen die Bankangestellten dann sofort, was du brauchst. Die eigentliche Kontoeröffnung kann bis zu zwei Stunden dauern. Nimm dir genug Zeit, um im Gespräch mit dem Bankangestellten alles zu erfragen, was

Kontoeröffnung

Ein Konto in Australien ist wichtig. Für die Eröffnung benötigst du deinen Reisepass und eine australische Postadresse. Achtung: Die Zusendung der Bankkarte braucht bis zu sieben Tage.

Die Größe der Münze entscheidet nicht über den Wert

du nicht verstehst. Bänker sprechen manchmal in ihrer ganz eigenen Sprache. Bitte sie einfach darum, es dir dann noch einmal verständlicher zu erklären. Oft ist es so, dass du zur Eröffnung des Kontos eine erste Einzahlung von 20 oder 50 Dollar machen musst. Damit der Account aktiviert werden kann, ist es ratsam, bei der Eröffnung Bargeld dabei zu haben.

Die Bank schickt dir deine Bankkarte dann per Post an deine australische Adresse. Das kann bis zu sieben Tage dauern. Als Adresse kannst du meistens deine Unterkunft angeben. Viele Banken bieten dir auch die Selbstabholung in einer Filiale an. Frage einfach danach.

Wenn du ein australisches Konto eröffnest, erkundige dich auch gleich nach einem Superannuation-Account. Das ist vergleichbar mit einem Rentenkonto, das du benötigst, wenn du arbeiten gehst. Der Superannuation-Account wird aber sonst auch von deinem ersten Arbeitgeber eröffnet. (Mehr dazu siehe Kapitel „Superannuation")

3.3.1 Die Kontoeröffnung von zu Hause aus

Bei der Westpac Bank kannst du bereits von zu Hause aus online auf deren Homepage ein kostenloses Australien-Bankkonto eröffnen. Das Westpac Choice Konto ist ein normales Girokonto und in den ersten 12 Monaten gebührenfrei. Das Konto kannst du frühestens ein Jahr vor deiner Australienreise eröffnen.

Deine Bankkarte holst du dann in deiner Wunsch-Westpac-Filiale in Australien ab. Bei der Onlinebeantragung musst du also bereits die australische Bankfiliale angeben, in der du deine Karte abholen möchtest. Diese kannst du über den Kundenservice der Westpac aber berichtigen lassen, falls sich dein Ankunftsort in Australien ändert. Wenn du deine Bankkarte down under abholst, benötigst du lediglich deinen Reisepass zur Identifikation.

> **Bucks**
> In Down Under bezahlt man mit dem Australischen Dollar (AUD). Der Wechselkurs zum Euro schwankt sehr stark. Meistens liegt er zwischen 0,60 und 0,90 EUR.

3.3.2 Brauche ich ein deutsches Konto für Australien?

Ein deutsches Konto ist gerade zu Beginn der Reise sehr hilfreich. Vor allem, wenn es Verzögerungen mit deiner australischen Bankkarte geben sollte. Australien ist teuer; daher wird es am Anfang notwendig sein, schnell und sicher an Geld zu kommen. Auch im Verlauf deiner Reise ist es ratsam, eine Zweitkarte zur Sicherheit zu haben, falls du deine australische Bankkarte verlierst oder sie gestohlen wird.

3.3.3 Deutsche Kontogebühren in Australien

Viele Banken nehmen eine hohe Gebühr für die Bargeldabhebung oder die Bezahlung per Karte im Ausland. Zum Glück gibt es Wege, diese zusätzlichen Kosten zu umgehen: Mit der EC-Karte der Deutschen Bank beispielsweise kannst du Geld an Automaten der australischen Westpac Bank kostenlos abheben. Und auch die Kreditkarte der Deutschen Kreditbank (DKB) ermöglicht die gebührenfreie Bargeldabhebung an allen Automaten mit Visa-Zeichen auf der ganzen Welt. Achte bei deinem deutschen Konto darauf, dass du vor deiner Abreise das Auszahlungs- und Überweisungslimit entsprechend eingestellt hast. So kannst du teure Anschaffungen wie ein Auto oder eine Tour problemlos im Ausland bezahlen.

3.4 Wie beantrage ich eine Steuernummer? (*applying for a Tax File Number - TFN*)

Wenn du in Australien arbeiten möchtest, brauchst du eine Steuernummer (*Tax File Number* – TFN). Damit sparst du eine Menge Steuergeld und hast mehr für deine Reisekasse übrig. Die Steuernummer kannst du kostenlos online auf der Seite der australischen Regierung (Australian Taxation Office, www.ato.gov.au) beantragen. Das geht allerdings nur von Australien aus.

Für die Beantragung deiner Backpacker-Steuernummer (TFN *for temporary visitors / holiday makers*) brauchst du deinen Reisepass, eine australische Postadresse und eine Telefonnummer. Oft kannst du auch die Adresse deiner Unterkunft oder des Büros deiner Organisation angeben.

> **7 Tage Bearbeitungszeit**
> Steuernummer und Bankkarte brauchen sieben Tage Zeit!
>
> Für die Beantragung benötigst du: Reisepass, Visum, australische Adresse und Telefonnummer.

Nachdem du das Online-Formular abgeschickt hast, dauert es bis zu 7 Tage, bis die TFN per Post bei dir ankommt. Bei der Online-Beantragung wird dir bereits eine vorzeitige Steuernummer (*application number*) angezeigt. Diese kannst du sofort bei der Jobsuche verwenden. Sollte deine TFN nach 7 Tagen noch nicht bei dir angekommen sein, beantrage einfach eine neue Nummer. Die alte verfällt automatisch und macht dir keinen Ärger. In Australien kannst du deine TFN nämlich sooft beantragen, wie du willst.

Hast du deine vorläufige Steuernummer bereits benutzt und deine TFN ist nach einer Woche noch nicht bei dir angekommen, dann kontaktiere das Australian Taxation Office per Telefon oder E-Mail noch einmal und frage nach. Sollten deine Unterlagen mit der TFN verloren gegangen sein, senden sie dir deine Daten noch einmal zu.

Wenn du die australische Steuernummer nicht selbst organisieren möchtest, kannst du diese Aufgabe auch bequem abgeben. Mittlerweile gibt es eine Reihe von Agenturen, die für dich die Beantragung der Steuernummer übernehmen. Anbieter wie beispielsweise Reisebine.de kosten zwar Geld, aber ersparen dir die Mühe sich durch die englischen Formulare zu quälen. Bei den meisten Anbietern kannst du die TFN bereits in Deutschland anfordern und bekommst die Nummer nach deiner Ankunft in Australien per SMS oder E-Mail zugeschickt.

3.5 Kommunikation

Die Kommunikation mit anderen, vor allem mit den Zuhausegebliebenen, ist in Zeiten von Internet, Skype und WhatsApp sehr einfach. Aber auch über klassische Medien

> **Handy mitnehmen**
> Am günstigsten ist es, wenn du dein deutsches Handy/Smartphone mit nach Australien nimmst und dir dort eine Prepaid-SIM-Karte kaufst. Achte darauf, dass dein Handy kein SIM-Lock hat.

wie Handy oder Telefonzelle lässt sich problemlos und günstig nach Hause telefonieren. Und vergiss nicht, dass jeder gerne Post aus fernen Ländern bekommt. Wieso also nicht auch Postkarten an Freunde und Verwandte schreiben?!

3.5.1 Brauche ich ein australisches Handy (*mobile phone*)/Smartphone?

Das Land bereisen, den Alltag hinter sich lassen und der Zivilisation Ade sagen – für viele ist die Reise durch Australien eine Gelegenheit, sich von dem ständig klingelnden Gerät zu lösen. Zugegeben: Ein Handy/Smartphone ist nicht immer notwendig. Aber gerade für die Jobsuche und in der Notsituation ist es wichtig, ein schnelles Kommunikationsmittel zu haben. Aber auch die australischen Kontakte und der Anruf nach Hause sollten nicht vernachlässigt werden! Und wenn du ungestört die Schönheit der Natur genießen oder allein entspannen möchtest, kannst du dein Handy ja auch einfach ausschalten.

Deutsche Netz-Anbieter im Ausland zu benutzen ist umständlich und sehr teuer. Deinen bereits bestehenden Vertrag in Deutschland solltest du kündigen oder möglichst pausieren, aber auf keinen Fall mit nach Australien nehmen. Dort erwarten dich mit deinem deutschen Telefonanbieter zu hohe Kosten, wenn du nach Hause oder innerhalb des Landes telefonieren möchtest. Es lohnt sich, Down Under eine australische SIM-Karte zu kaufen.

In Australien gibt es, wie bei uns auch, eine riesige Auswahl an Mobilfunkanbietern, die dir günstige Tarife offerieren. Optus, Telstra und Vodafone sind die größten Unternehmen in Down Under. Sie haben eine sehr gute Netzabdeckung, sind aber meist teurer als kleinere Anbieter wie Global Gossip, Gotalk oder Lebara. Wir empfehlen dir, Prepaid-Karten von den kleineren und speziell auf Backpacker ausgerichte-

Unzählige Plastikkarten von Bank, Hostel, zum Billig-Telefonieren ...

ten Anbietern zu nutzen, die teilweise wirklich gute Tarife für Gespräche nach Deutschland haben.

Ein Vertragsabschluss ist oft mühsam oder nur für Australier erlaubt. Die Prepaid-Konditionen sind dagegen sehr flexibel und preiswert. In der Regel liegen die Tarife beim Telefonieren von Australien nach Deutschland bei wenigen australischen Cent pro Minute. Manche Mobilfunktarife umfassen sogar günstige Flatrates speziell für Deutschland. Aber aufgepasst: Fast alle Anbieter erheben bei jedem Gespräch eine einmalige Verbindungsgebühr mit dem Ausland (*connection fee*) von ca. 0,30 AUD pro Anruf. Zudem ist die Grundlage der Gebührenberechnung eine Einheit von 30 Sekunden, nicht von einer Minute wie bei uns.

3.5.2 Woher bekomme ich meine australische SIM-Karte?

Handys und Smartphones kosten in Australien mehr als in Deutschland. Die SIM-Karten dagegen gibt es zu günstigen Konditionen, meist zu einem Spottpreis von 2 AUD. Die Ge-

Mit dem Mobile Broadband USB-Stick unabhängig im Internet surfen

Viele Telefonanbieter stellen dir neben der SIM-Karte auch praktische Mobile-Broadband-Pakete zur Verfügung. Hier bekommst du einen USB-Stick mit einem bestimmten Datenvolumen, um im Internet zu surfen. Die Pakete sind sehr praktisch, wenn du deinen eigenen Laptop dabei hast und ortsunabhängig surfen möchtest. Ansonsten gibt es auch Telefon- und Internetpakete, bei denen das Datenvolumen für das Internet über die SIM-Karte läuft.

Neben Internetcafés haben auch die meisten Hostels und Campingplätze *wifi* (WLAN) oder internetfähige Computer, die du gegen eine Gebühr benutzen kannst. Die Preise variieren stark und werden meist nach Zeit abgerechnet.

Wenn du Geld sparen willst, könntest du eine öffentliche Bibliothek aufsuchen, die es auch in den kleineren Städten gibt. Fast alle können dir die Internetnutzung ermöglichen. Oft ist der Internetzugang in den Bibliotheken an eine bestimmte Datenmenge gebunden oder zeitlich eingeschränkt. Für ein fröhliches „Hallo" nach Hause wird es aber allemal reichen!

Internetsurfen ...

... kann in Australien ziemlich teuer sein, ist aber so gut wie überall möglich.

Online-Kommunikation

Via Skype kannst du je nach Internetgebühr günstig oder kostenlos online telefonieren und chatten. Mit WhatsApp kannst du Nachrichten, Videos oder Fotos einfach und schnell versenden. Online-Fotoalben wie Flickr oder eigene Blogs sind besonders spannend für Familie und Freunde aus aller Welt. Mit dem Blog hast du auch gleich ein prima Reisetagebuch für später angelegt.

Viele Cafés bieten beim Kauf eines Kaffees oder Snacks *free wifi* an. Kostenlosen und zeitlich unbegrenzten Internetzugang gibt es neuerdings auch in einigen Stadtzentren (*Central Business District = CBD*) größerer Städte, beispielsweise in Perth oder Melbourne. Hier kannst du nach Lust und Laune im Internet surfen, solange du dich im Stadtzentrum aufhältst.

Du siehst: Mit einem internetfähigen Gerät (Smartphone, Tablet, Laptop) ist der Kontakt mit Zuhause gar nicht schwierig. Trotzdem kann es passieren, dass deine Meldungen aufgrund der Zeitverschiebung oder weil gerade keine Möglichkeit zum Aufbauen einer Internetverbindung besteht, etwas verspätet nach Hause gelangen. Zumal du viele neue Dinge im Kopf haben wirst, die Zeit wie im Fluge vergeht und du ohne böse Absicht vielleicht auch mal vergisst, dich zu melden. Damit keine Unruhe aufkommt, solltest du das deinen Angehörigen im Voraus erklären und sie während deiner Reise darüber informieren, was du planst und wann du vielleicht nicht erreichbar sein wirst.

3.5.5 Wie erhalte oder verschicke ich Post?

Wenn du durch das Land reist, hast du in der Regel keine feste Postadresse. Diese benötigst du jedoch, wenn dir wichtige Dokumente wie deine Steuernummer oder Bankkarte zugestellt werden sollen. Und auch dein Arbeitgeber wird manchmal danach fragen.

Wer mit einer Organisation reist, kann die Adresse eines der Büros in Down Under angeben. Häufig ist auch ein Postfachservice im Work & Travel-Paket enthalten.

Vor allem für Alleinorganisierer ist der Poste Restante Service der australischen Post interessant: Briefe und Pakete mit einem „Poste Restante"-Vermerk können an das General Post Office (GPO) deines derzeitigen oder nächsten Aufenthaltsortes versendet werden. Hier werden sie bis zu 4 Wochen kostenlos aufbewahrt und können gegen Vorlage des Reisepasses von dir abgeholt werden. Eine Voranmeldung ist nicht nötig. Gegen eine Gebühr kannst du deine Sendung auch an ein anderes Postamt weiterschicken lassen (www.movingservices.com.au). Die jeweiligen Adressen und Postcodes erhältst du auf den Websites der australischen Post (www.auspost.com.au). Unzustellbare Post geht natürlich wieder an den Absender zurück.

> **Postal Code?**
> Kein Problem:
> 0800 Darwin NT
> 0870 Alice Springs NT
> 2000 Sydney NSW
> 3000 Melbourne VIC
> 4000 Brisbane QLD
> 4870 Cairns QLD
> 5000 Adelaide SA
> 6000 Perth WA
> 7000 Hobart TAS

Die Anschrift für postlagernde Sendungen muss beispielsweise nach Brisbane folgendermaßen aussehen:

>   Name, Vorname
>   c/o Poste Restante
>   General Post Office
>   Brisbane, QLD 4000
>   Australia

Wie schicke ich Post nach Hause?

Jeder bekommt gerne Post aus der Ferne! Aber um Waren von einem Ende zum anderen Ende der Welt zu verschicken, musst du geduldig sein und mit teuren Portokosten rechnen. Zum Beispiel dauert die Versendung einer Postkarte oder eines bis zu 50 Gramm schweren Briefes aus Australien nach

Postämter erkennst du fast immer am australischen Postzeichen

Deutschland etwa 3 bis 10 Werktage und kostet 2,75 AUD. Um Pakete nach Hause verschicken zu lassen, hast du im Grunde folgende Möglichkeiten:

- *Sea Mail*: Die preiswertere, aber recht langsame Variante ist der Seeweg. Die Zustellung eines maximal 20 Kilogramm schweren Pakets kostet circa 115 AUD und dauert ungefähr 3 Monate.
- *Air Mail*: Die schnellere, allerdings teurere Option ist via Luftpost. Hier kostet die Versendung eines maximal 20 Kilogramm schweren Pakets ca. 235 AUD und benötigt bis zu 10 Werktage.

Egal, für welche Option du dich entscheidest: Informiere dich unbedingt über die aktuellen Einfuhrbestimmungen! Außerdem empfehlen wir dir, die Sendung in einer Plastiktüte einzupacken und beim Verpacken nicht mit Klebestreifen (*sticky tape*) zu sparen. Vor allem für den Seeweg solltest du dein Paket sicher packen.

Je nach Wichtigkeit lohnt es sich auch über eine Versicherung nachzudenken, die man bei der Australischen Post extra bezahlen muss. In diesem Fall solltest du die Preise einiger Transportunternehmen (beispielsweise Jetta Express, Professional Freigh Service) vergleichen, um Geld zu sparen.

> **Weihnachtspost**
>
> Im November und Dezember gibt es eine australische Besonderheit im Briefverkehr: Wer in dieser vorweihnachtlichen Zeit eine Karte in einem Umschlag verschickt und mit „Card Only" vermerkt, zahlt ein geringeres Porto.
>
> **Pakete von zu Hause**
>
> Australien hat aufgrund seiner Abgeschiedenheit eine einzigartige Flora und Fauna entwickelt. Um sie zu schützen, hat das Land strikte Quarantänebestimmungen. Solltest du dir von zu Hause aus etwas zuschicken lassen, bedenke, dass der Australische Quarantäne- und Inspektionsdienst (AQIS) alle Pakete kontrolliert. Das Verschicken von Nahrungsmitteln, Tierprodukten oder pflanzlichem Material ist verboten, um die Einfuhr von Schädlingen oder Krankheiten zu verhindern.

3.6 Lebensmittel (*grocery*)

Die australische Küche ist vielseitig! Als Strafkolonie Großbritanniens hat die englische Küche langen und intensiven Einfluss auf das australische Essen genommen. Gerne wird zum Beispiel Bacon and Eggs zum Frühstück gegessen. Der große Zuwachs an vielen unterschiedlichen Nationalitäten führte zu einem riesigen Sammelsurium verschiedenster Gerichte und Zubereitungsarten. Viele Einwanderer brachten ihre Lieblingsrezepte mit und machten die australische Küche zu dem, was sie heute ist: ein buntes Potpourri, das international hoch gelobt wird.

In Down Under mischt sich so gut wie alles von asiatisch bis kontinental. Dennoch hat der Australier viele (leckere) Eigenheiten, die du natürlich ausprobieren solltest:

Die wohl typischste Spezialität ist das Vegemite. Aussies streichen es meistens wie wir unsere Nutella auf ein Brot. Aber Achtung, Vegemite hat schon so einige erschrockene Grimassen bei Backpackern verursacht, als sie den Aufstrich gekostet haben. Der Hefeextrakt schmeckt sehr salzig und bitter und ist nicht für jeden etwas. Probieren solltest du es aber trotzdem!

Rezept für australische Lamingtons

Zutaten für 12 Stück

Teig:
125 g Butter
200 g Zucker
1 TL Vanillearoma
2 Eier
1/8 l Milch
2 Tassen Mehl
2 TL Backpulver

Glasur:
2 Tassen Puderzucker
3 EL Kakaopulver
30 g Butter
100 ml heißes Wasser
2 Tassen Kokosraspeln

Zubereitung:
Butter mit Zucker, Vanillearoma und Eier vermengen und abwechselnd Milch und das mit Backpulver vermischte Mehl unterrühren. Eine möglichst hohe Backform (18 x 28 x 3 cm) einfetten, mit Mehl bestäuben und die Masse einfüllen. Den Kuchen bei ca. 180 Grad Celsius für 20 bis 30 Minuten im Ofen backen. Anschließend aus der Form nehmen, am besten auf einen Rost legen und abkühlen lassen. Danach in 6 x 7 cm große Stücke schneiden.
Für die Glasur Puderzucker und Kakao in eine Schüssel sieben. Nun werden die zerlassene Butter und das heiße Wasser untergerührt. Die Schüssel sollte in leicht kochendem Wasser stehen, damit die Glasur nicht vorzeitig erstarrt. Jetzt die einzelnen Kuchenstücke mit zwei Gabeln in die Glasur tauchen und danach in den Kokosraspeln rollen. *Enjoy*!

Bei allen dagegen beliebt sind Lamingtons und Tim Tams. Letzteres sind Schoko-Keks-Riegel, die es in fast jedem Geschäft und in unzähligen Varianten gibt. Ebenfalls süß und lecker sind die einheimischen Honigsorten, die Australien zu bieten hat. Sie zählen unter Kennern zu den besten der Welt.

Auf der Speisekarte wirst du häufig eine große Auswahl an Fisch und Meeresfrüchten finden. Vermutlich am bekanntesten ist der Barramundi. Er gehört im Northern Territory und an der Ostküste zu den begehrtesten Speisefischen.

Für Fleischliebhaber ist Australien besonders interessant. Lädt dich ein Aussie auf ein Barbecue ein, kommt neben Rind und Lamm, auch Känguru-, Emu- und Krokodilfleisch auf den Grillrost. Generell lieben die Australier das Grillen und genießen dazu gerne ein kühles Bier.

Eine weitere Spezialität ist der Meat Pie, eine mit Hackfleisch gefüllte Blätterteigpastete. Den „Fleischkuchen" bekommst du wie bei uns die Currywurst in so gut wie jedem Imbiss, vor allem in den ländlichen Regionen.

In den letzten Jahrzehnten hat auch die traditionelle Ernährungsweise der Aborigines Eingang in die australische Küche gefunden. Das sogenannte Bush Tucker besteht ausschließlich aus einheimischen Pflanzen und Tieren und wurde mittlerweile von vielen Gourmet-Restaurants entdeckt. Auch auf touristischen Outback-Touren wird oft mit einem Bush Tucker-Essen geworben. Im Alltag wirst du vor allem auf einheimische Gewürze wie *Lemon Myrtle* (Zitronenaroma) oder *Tasmanian Pepper* (Tasmanischen Pfeffer) stoßen.

3.6.1 Wo kaufe ich Lebensmittel ein?

In Australien gibt es überall Lebensmittelmärkte und Discounter. Woolworth, Coles und Aldi (ja, Aldi!) sind die größten und günstigsten Supermarktketten down under.

> **Runde Preise**
>
> In Australien sind die Preise genau auf den Cent wie 0,99 AUD angegeben, werden aber an der Kasse auf ein Vielfaches von 5 Cent auf- oder abgerundet. Die Preise, die mit 1 bis 4 Cent enden, werden abgerundet; 6 bis 9 Cent aufgerundet. Endet der Preis mit 5 Cent entscheidet der Verkäufer beziehungsweise das Geschäft, wie gerundet wird.

Da findest du alles, was du brauchst – sogar Kleidung und Drogerieartikel. In den großen Städten sind die meisten unter der Erde. Sie haben oft nur einen kleinen Eingang irgendwo an der Straße und sind nicht immer auf den ersten Blick zu erkennen.

Auf dem 5. Kontinent ist alles etwas größer, deshalb gibt es auch in den Supermärkten die meisten Produkte in XXL-Boxen und in günstigen Massenangeboten wie etwa 5 Produkte zum Preis von 3. Getränke werden oft in 3- oder 4-Liter-Mengen verkauft. Ob das für dich immer ein gutes Angebot ist, musst du selbst entscheiden. Schließlich müssen die Waren und Lebensmittel ja auch durch die australische Hitze transportiert werden.

Aufgrund des für die Landwirtschaft günstigen Klimas gibt es in Australien viele einheimische Delikatessen. Das Obst und die verschiedenen Gemüsesorten sind hier besonders frisch und geschmacksintensiv. Kein Wunder, liegen doch beispielsweise die Bananenplantage oder das Zucchini-Feld nicht weit weg. Für frisches und vor allem günstiges Obst und Gemüse sind die vielen Stadt-Märkte perfekt, die es in jeder Großstadt gibt. Hier entdeckst du australische Besonderheiten und kannst das quirlige Marktleben der Aussies miterleben. Neben preiswerten Lebensmitteln findest du auf den Märkten oft auch Souvenir-Stände und andere Shops.

> **Kühlbox**
>
> Damit deine Lebensmittel nicht verschimmeln, solltest du über die Anschaffung einer Kühlbox nachdenken. Vor allem, wenn du mit dem Auto unterwegs bist, ist der sogenannte Esky unglaublich praktisch!

Stell dich darauf ein, dass die Lebensmittel in Australien teurer sind als bei uns. Vor allem Milchprodukte wie Joghurt oder Käse kosten down under besonders viel Geld. Was zunächst abschreckt, erscheint nach einer Weile aber logisch. Schließlich ist das verfüg-

Frisches (und günstiges) Obst und Gemüse gibt es auf den Märkten

bare Jahreseinkommen in Australien höher als in Deutschland.

Dafür sind die Öffnungszeiten in Australien sehr kundenfreundlich – selbst in kleineren Städten. In den meisten Orten kannst du dein Geld sogar rund um die Uhr los werden. In sogenannten 24/7-Läden bekommst du an jedem Tag und zu jeder Uhrzeit die wichtigsten Dinge.

3.6.2 Wo stehen die alkoholischen Getränke?

Natürlich wird auch in Australien Alkohol wie Bier, Wein oder Ähnliches getrunken. Alkoholische Getränke findest du aber nur in lizenzierten Geschäften. Die sogenannten *liquor stores* oder *bottle shops* sind manchmal in separaten Ecken der größeren Supermarktketten oder direkt im Nebengebäude zu finden. Natürlich gibt es auch private *bottle shops*. Um Alkoholmissbrauch zu verhindern, haben diese Läden besondere Öffnungszeiten und machen beispielsweise in Queensland und Northern Territory erst um 16 Uhr auf.

Im Vergleich zu Deutschland sind alkoholische Getränke teuer. Unter Backpackern ist daher vor allem Goon beliebt – das ist Wein, der in 2, 4 oder 5 Liter-Kartonboxen verkauft wird. Er ist deutlich billiger, verursacht aber auch gerne einen Kater am Folgetag.

3.6.3 Wo koche ich? (*cooking*)

Die Einkaufstüten aus dem Supermarkt sind voll und dein Magen knurrt. Was nun? Es gibt viele Möglichkeiten, sich in Australien leckeres Essen zuzubereiten. Fast alle Unterkünfte haben eine große und für jedermann benutzbare Küche. Hier findest du Töpfe, Geschirr, Herd und Kühlschrank – alles, was du eben für deine Lebensmittel und zum Kochen brauchst. Wenn du Gast bist oder an der Rezeption um Erlaubnis fragst, kannst du dich hier ganz nach deinem Geschmack austoben. Aber am Ende das Küchenputzen nicht vergessen!

In fast jedem Hostel findest du auch Lebensmittel *for free*. Manche Hostelbetreiber stellen ihren Gästen Grundgewürze wie Salz und Pfeffer zur Verfügung; andere locken sogar mit kostenlosem Pancake-Frühstück. Bei vielen Unterkünften findest du einen Bereich, in dem Zutaten und übriges Essen (zum Beispiel angefangene Nudelpackungen, offene Saftflaschen) gelagert werden können. Sie werden von abgereisten Backpackern zurückgelassen und sind für alle da. Es gilt aber: Wer es zuerst nimmt, bekommt es.

> **ⓘ Bierseelige Australier**
>
> Australier lieben Bier! Darum gibt es auch nicht nur eine Sorte, die du probieren kannst, sondern viele! Jeder Bundesstaat und jedes Territorium hat seine eigene Lieblingsmarke, die am besten *on tab*, d.h. frisch gezapft serviert wird. In Queensland ist zum Beispiel XXXX (sprich: *fourty ex*) und in Victoria Carlton Draught beliebt.
>
> Schwieriger als die Getränkewahl ist vermutlich die Entscheidung für die richtige Glasgröße. In der Kneipe kannst du einen *pint*, *schooner*, *pot* oder *butcher* bestellen. Die Größen variieren aber in den verschiedenen Regionen.
>
> Alkohol trinken ist in Australien ab einem Alter von 18 Jahren erlaubt.

Alternative zum Esky: Die Styropor-Box aus dem Supermarkt

Bist du mit dem Camper oder Auto unterwegs, eignen sich ein eigener Gaskocher und ein kleiner Topf zum Kochen besonders gut. Das nötige Equipment kannst du in fast allen Kaufhäusern besorgen. Die Campingplätze sind auch oft mit einer *camp kitchen* ausgestattet, die jeder Gast nutzen kann.

Darüber hinaus findest du überall in Australien BBQ (*barbecue*)-Plätze mit Metallgrillplatten. Sie kosten nichts und sind vor allem an Stränden und in den Stadtparks zu finden. BBQs sind eine wirklich tolle Sache, um sich günstig zu verpflegen und dabei neue Leute kennenzulernen! Sie werden von Backpackern, aber auch von den Australiern

Geld sparen

Um Geld zu sparen, solltest du in den großen Supermärkten einkaufen und mit anderen gemeinsam kochen. In Australien gibt es im Lebensmittel-Regal einige Besonderheiten. So findest du das normale Speiseöl zum Beispiel in Spray-Dosen. Das ist beim Kochen zunächst etwas ungewohnt, erweist sich aber bald als sehr praktisch – vor allem unterwegs.

Waldbrandgefahr!
Das Kochen über offenem Feuer ist besonders in Nationalparks und an vielen anderen Orten Australiens verboten.

sehr gerne benutzt und stehen manchmal an den ungewöhnlichsten Orten. Ab und zu sind sie sogar mit einer Steckdose ausgestattet, mit der du deine Elektrogeräte kostenlos wieder aufladen kannst. Weil Australier und andere Reisende die BBQs besonders schätzen, ist es wichtig, dass du den Platz sauber verlässt, damit auch andere ihn wieder nutzen können.

3.6.4 Wo gehe ich essen?

Backpacker verpflegen sich gerne günstig: Nudeln mit Tomatensoße, Bohnen aus der Dose – und das fast täglich. In Australien gibt es aber auch sehr viele gute Restaurants und Cafés. Vor allem Melbourne ist als kulinarische Hochburg bekannt.

Down under in einem Restaurant essen zu gehen, ist lecker – aber meist auch ziemlich teuer! Die günstigste Variante und bei Rucksacktouristen sehr beliebt sind asiatische Restaurants. Asian Cuisine ist in Australien weit verbreitet. Oft bekommst du hier ein gutes Essen schon ab 10 AUD und liegst damit wesentlich günstiger als in anderen Gaststätten, in denen eine normale Mahlzeit ohne Getränk ab 20 AUD kostet.

Natürlich haben sich auch Fastfood-Ketten wie McDonald's, Kentucky Fried Chicken oder Hungry Jacks (Burger King) in Australien niedergelassen. Sie sind eine schnelle und gegenüber anderen Restaurants preiswerte Möglichkeit. Leider ist das Essen nicht gerade ausgewogen oder gesund.

Für den 5. Kontinent typisch sind auch die sogenannten BYO-Restaurants (*Bring Your Own*). Hier wird in der Regel kein Alkohol verkauft. Du kannst aber deine Getränke wie Bier oder Wein selber mitbringen, vom Kellner öffnen lassen

Schnelles Frühstück nach australisch-britischer Art

und im Restaurant genießen. Dafür fällt nur das Korkengeld (*corkage fee*) an, dass der Kellner für das Servieren der Gläser und der mitgebrachten Getränke bekommt. BYO-Restaurants sind auch unter Australiern eine gängige Art Essen zu gehen.

3.7 Wie finde ich die interessantesten Sehenswürdigkeiten?

Das Beste an Work & Travel ist das Sightseeing! Jede Stadt und jeder kleine Ort hat seinen eigenen Charme: Von spirituell bis sportlich, von entspannt bis abenteuerlich.

Damit du die besten Spots deiner Umgebung nicht verpasst, gibt es mehrere Anlaufstellen, die dir Tipps zum Sightseeing geben können. Du übernachtest in einem Hostel oder Hotel? Dann wissen die Mitarbeiter an der Rezeption garantiert, was du dir unbedingt ansehen solltest und was es speziell in diesem Ort zu erleben gibt. Oft haben sie kostenlose Stadtpläne für dich ausgelegt und klären dich auch gleich über das Wetter der nächsten Tage auf.

Blick vom Mrs. Macquarie`s Chair Aussichtspunkt auf Sydney

Eine weitere Informationsquelle ist natürlich der klassische Reiseführer. Er verrät dir die wichtigsten Sehenswürdigkeiten der Region. Um mehr Insider-Tipps und vielleicht auch ein paar Geheimtipps zu bekommen, solltest du mit den Leuten in deiner Umgebung sprechen. Ganz spontan kannst du auch einen freundlichen Australier auf der Straße ansprechen. So übst du nicht nur dein Englisch, sondern erhältst auch gleichzeitig die interessantesten Ratschläge und Stadtgeschichten dazu.

Zudem gibt es in jedem Ort ein Informationscenter. Hier erfährst du alles Wichtige über Sightseeing, Eintrittspreise, Fahrtrouten und was du noch so benötigst. In Visitor Centres kannst du auch Touren buchen. Beachte aber: Hier gibt es nicht immer die günstigsten Angebote. Vergleiche die Preise auch mit den *Tour-Packages*, die viele der Unterkünfte speziell für Backpacker anbieten. In manchen Städten, darunter zum Beispiel Sydney, gibt es in einigen Straßen auch kleine Kioske, die offiziell als Information ausgeschildert sind. Sie können dir mit Kartenmaterial und wichtigen Details weiterhelfen.

Zuletzt die für viele wohl spannendste Art, die Umgebung zu erkunden: einfach drauf los gehen. Bei dieser Variante findest du vielleicht nicht immer alle Sehenswürdigkeiten; es macht aber auf jeden Fall Spaß. Lass dich von deiner Neugier und deinem Bauchgefühl leiten und erlebe spontane Abenteuer ganz nach dem Zufallsprinzip.

> **Kostenlos in der City unterwegs**
> In den meisten Städten gibt es kostenlose Busse oder Bahnen, die überwiegend die großen Sightseeing-Punkte verbinden (zum Beispiel der *Free CBD Shuttle Bus* in der Innenstadt von Sydney oder eine ganze *Free Tram Zone* in Melbourne, in der du alle Straßenbahnen kostenlos benutzen kannst).

3.8 Was mache ich, wenn …

… die Bankkarte/Kreditkarte verloren geht?

Du lässt sie sofort sperren. Das machst du über die Notrufnummer deiner australischen Bank oder im Falle deiner deutschen Karte über den zentralen Sperrnotruf in Deutschland (116 116 oder online unter www.sperr-notruf.de). Um die Karte zu sperren, brauchst du deine Kontonummer und die Bankleitzahl beziehungsweise die Kreditkartennummer.

… der Reisepass verloren geht?

Den Verlust des Reisepasses musst du sofort der örtlichen Polizei melden. Danach beantragst du einen neuen Pass bei der deutschen Auslandsvertretung (Botschaft und Konsulate). In der Regel braucht der neue Pass zwischen 6 und 8 Wochen. Du kannst dir aber auch einen vorläufigen Pass ausstellen lassen, der innerhalb von 24 Stunden fertig und ein Jahr gültig ist.

… dringend Geld aus Deutschland benötigt wird?

Mit Geldtransfer-Anbietern wie Western Union, MoneyGram oder Voxmoney kann man dir innerhalb von wenigen Minuten Geld in die ganze Welt schicken. Du hast die Wahl, ob es deinem Konto gutgeschrieben oder in einer Filiale down under zur Abholung bereitgestellt wird. Ansonsten gibt es die übliche Methode der Überweisung. Sie benötigt in der Regel einige Tage und kostet je nach Bankinstitut unterschiedliche Überweisungsgebühren.

... wenn ich Heimweh habe?

Heimweh ist ganz normal, wenn man sich auf einer langen Reise befindet. Du sehnst dich nach deinem gewohnten Umfeld, nach deinen sozialen Kontakten und etwas Ruhe. Stress und Schlaflosigkeit sind oft Gründe für das auftretende Heimweh.

In diesem Fall solltest du dir ein paar Tage Ruhe gönnen. Ganz wichtig ist es, dass du auch in Australien soziale Kontakte aufbaust. Gemeinsame Unternehmungen wie Partys oder Kochabende, Touren oder einfach nur Gespräche bei einem Kaffee beugen dem Heimweh vor. Sprich auch mit anderen Reisenden und lass dich mit interessanten Gesprächen und frischen Ideen ablenken.

... wenn ich krank bin?

Auch in Australien gibt es rezeptfreie Medikamente in Drogerien und Apotheken. Solltest du ernsthafte gesundheitliche Probleme haben, musst du einen Allgemeinarzt (*general practitioner* – GP) aufsuchen. Er überweist dich gegebenenfalls zu einem Facharzt. Die medizinische Versorgung in Down Under entspricht den allgemeinen westlichen Standards.

Unvorhergesehenes
Sei auch auf unerwartete Probleme gefasst. Aber *no worries*: In Down Under findest du überall Hilfe!

4 | Work

Als Bartender in der lebendigen Innenstadt von Adelaide, als motivierter Erntehelfer auf einer Zitronen-Farm bei Katherine oder als Servicekraft in einem Hotel in Surfers Paradise – als Backpacker in Australien hast du die Wahl! Je nach Region und Saison findest du in so gut wie jedem Bereich Arbeit und kannst mit dem richtigen Job schnell eine Menge Geld verdienen. Du besserst aber nicht nur deine Reisekasse auf, sondern lernst auch den internationalen Arbeitsmarkt kennen. Das ist vor allem für deinen späteren Lebenslauf gut. Natürlich erlernst du bei der Arbeit auch Fähigkeiten und Fertigkeiten, die dir vorher fremd waren. Selbstständigkeit, Anpassungsfähigkeit, körperliche Arbeit, Business English und besonders aufgeschlossenes Teamwork sind nur einige davon.

Manche Arbeitgeber verlangen bereits bestimmte Vorkenntnisse und Fähigkeiten von dir. Lass dich nicht abschrecken, wenn du nicht alle Kriterien sofort erfüllst. Du willst den Job haben und fühlst dich der Aufgabe gewachsen? Dann bewirb dich einfach getreu dem australischen Motto: *No worries*.

4.1 Was für Jobs kann ich machen?

Die Antwort auf diese Frage ist einfach: (fast) alles. In Australien kannst du deinen Ideen und Fähigkeiten freien Lauf lassen und tun, wonach dir ist. Am häufigsten finden Backpacker Jobs in diesen Branchen:
- Erntearbeit (*fruit picking and packing*)
- Farmarbeit (*farm work*)
- Promotion und Events (*street marketing*)
- Fabrikarbeit (*factory work*)
- Arbeit als Küchenhilfe (*kitchen hand*)
- Servicekraft in Hotels oder Restaurants

Arbeitssuche

Mittlerweile gibt es ziemlich viele Backpacker und auch sehr viele Einheimische, die in Australien auf der Suche nach Gelegenheitsjobs sind. Einen guten Job zu finden ist daher nicht immer leicht. Aber mit der richtigen Einstellung, Eigeninitiative und ein bisschen Glück findest du überall Arbeit.

Die Jobs im Bereich der Gastronomie sind genauso vielfältig wie die Angebote im Eventbereich. Oft finden Backpacker auch spannende Jobs als Housekeeper, Möbelpacker, Babysitter oder in einem der vielen Büros down under. Irgendwo ist eben immer was los. Auch in der Tourismus-Branche (Aushilfe im Resort, Ski- oder Surf-Lehrer) und auf dem Bau (Maler, Gerüstbau, Maurer) werden zahlreiche Arbeitskräfte benötigt. Oder wie wäre es beispielsweise mit einer Ausbildung zum Jackaroo / zur Jillaroo? Dann kannst du in den Weiten des Outbacks arbeiten und erlebst den authentischen Farmeralltag *as it's best*. Und auch das WWOOFing ist eine tolle Variante, sparsam in Australien zu leben und dabei den Alltag vieler Australier kennenzulernen. Hast du bereits eine abgeschlossene Ausbildung oder gar gearbeitet? Dann kannst du deine gelernte Tätigkeit natürlich auch in Australien ausüben: Ob Frisör oder Fleischer – handwerkliche Berufe und tägliche Dienstleistungen werden in Australien nicht nur hoch geschätzt, sondern auch gut bezahlt!

Branchen-Qualifikationen

Für manche Branchen benötigst du gesetzlich vorgeschriebene Qualifikationen, die dir durch Zertifikate bestätigt werden. Das sind zum Beispiel:
- Alkohol-Ausschank-Lizenz (*Responsable Service of Alcohol Training* – RSA)
- Spielautomaten-Lizenz (*Responsable Gambling Service* – RCG)
- Sicherheitskurs für Bauarbeiter (*White Card*)

Die meisten Kurse benötigen nicht viel Zeit und funktionieren ähnlich wie das RSA-Training (siehe Kapitel „Alkohol-Ausschank-Lizenz").

4.1.1 Erntehelfer und Farmarbeit (*fruit picking and farm work*)

Beim Ernten (*fruit picking*) heißt es: Raus in die australische Natur und fest mit anpacken! Fast jeder Backpacker hat wenigstens einmal auf einer Farm gearbeitet oder bei der Erntearbeit geholfen.

Das *fruit picking*, auch *farm work* oder *harvest jobs*, ist besonders beliebt bei den Rucksacktouristen, denn hier finden sich die meisten Arbeitsplätze. Ob als *blueberry picker*, *banana packer* oder *farm hand* – es gibt Hunderte von verschiedenen Möglichkeiten. Beim *fruit picking* lernst du verschiedene Arbeitstätigkeiten und die Natur Australiens kennen. Und nicht selten kommt es vor, dass du während deiner Arbeit im Freien ein Känguru über deinen Arbeitsplatz hüpfen siehst. Darüber hinaus verdienst du bei der Erntearbeit schnell Geld, brauchst keine Vorkenntnisse und triffst auf Gleichgesinnte, mit denen du dich austauschen kannst. Und wenn du lange genug dabei bleibst, kannst du sogar dein Working Holiday Visum um ein weiteres Jahr verlängern (siehe Kapitel „Zweites Working Holiday Visum").

Die Erntearbeit ist saisonale Arbeit. Es gibt eine Reihe von Harvest-Kalendern (zum Beispiel Harvest Trail), die dir genau sagen, wo wann welche Gemüse- oder Obstsorte Saison hat und dementsprechend für Arbeitsplätze sorgt. Auch die Weinregionen bieten nur zu bestimmten Zeiten

> **Anstrengend**
> Die Farm- und Erntearbeit ist körperliche Arbeit. Trotzdem zählt sie zu den häufigsten Tätigkeiten von Backpackern in Down Under und ist irgendwie auch ein Muss für das australische Work & Travel-Erlebnis.

Beliebte Arbeit eines Work & Travellers: *blueberry picking*

Jobs an. Das Ernte-Business ist fast das ganze Jahr über irgendwo in Australien möglich. Von September bis April ist jedoch die Hochsaison.

Egal ob *fruit picking*, *packing* oder *farm work* – die Arbeit ist in jedem Fall körperlich anstrengend! Neben den eigentlichen Tätigkeiten machen dir auch die heißen oder tropischen Temperaturen oder der niederprasselnde Regen zu schaffen. Solltest du keine Kondition haben, ist die Arbeit am Anfang ziemlich schwer. Aber *no worries*, du gewöhnst dich erstaunlich schnell daran. Und sind die Erntetage auf dem Feld mal unerträglich heiß, sorgen manche australische Arbeitgeber gern auch mal für einen Eisblock zur Abkühlung.

Das *picking* ist körperlich anstrengender als das *packing*, vor allem auf den Bananenplantagen. Es kann aber vielseitiger und spannender sein. Das *packing* ist in der Regel etwas einfacher und wird daher häufiger an Frauen vergeben. Meistens wiegst du die Obst- oder Gemüseware ab und verpackst sie in Kartons. Dabei bist du überwiegend in einem überdachten Lagerhaus (*shed*) und vor den Wetterverhältnissen geschützt.

Neben *picking* und *packing* kannst du auch als Aushilfe auf einer Farm arbeiten (*farm work*). Oft suchen Tierfarmen robuste Helfer. Schließlich müssen die Tiere gefüttert, Ställe ausgemistet, Zäune repariert oder Rinder markiert werden. Und auch bei der Gartenarbeit, im Haushalt oder mit der Beschäftigung der Kinder gibt es immer etwas zu tun. Zudem können Bauarbeiten oder Ähnliches bei der Farmarbeit anfallen. Die australischen Farmen sind groß, daher ist meist immer ausreichend Arbeit vorhanden.

> **Sei kreativ!**
> Die Ernte- und Farmarbeit muss sich nicht auf Obst oder Gemüse beziehen! Wie wäre es also mit einem Job als Muschel-Putzer beim *pearling* auf einer Perlenfarm?!

4.1.2 Arbeiten im Gastronomiebereich

Ob im Café, im Hotel-Restaurant oder beim Catering Service, als Kellner, Servicekraft oder Küchenhilfe – die Gastronomiebranche bietet dir viele verschiedene Jobs an. Vor allem in den Großstädten und dort, wo viele Touristen sind, gibt es die meisten Arbeitsplätze in diesem Bereich – und leider auch die größte Backpacker-Konkurrenz. So vielseitig wie die Jobs in der Gastronomie sind auch die Arbeitszeiten. Hier musst du dich darauf einstellen, dass du öfter abends, nachts, am Wochenende oder am Feiertag arbeitest. Viele der Restaurants, Bars oder Pubs haben bis spät in die Nacht geöffnet.

Die Arbeit im Gastronomiebereich ist oft stressig und körperlich sehr anstrengend. Schließlich müssen die 200 Kilogramm Gemüse im Akkord geschnitten oder die 150 Gäste auf der Café-Terrasse bedient werden. Du erhältst hier aber nicht nur einen besonderen Einblick in die Arbeitsabläufe, sondern auch in das muntere Alltagsleben der Australier und lernst zum Beispiel als Kellner viele nette Menschen kennen. Da du in diesem Job mit Gästen oder Kunden zu tun hast, solltest du sehr kommunikativ sein.

Alkohol-Ausschank-Lizenz
(*Responsable Service of Alcohol Training*)

Je nachdem, in welchem Gastronomiebereich du einen Job suchst, benötigst du verschiedene Qualifikationen. Wenn du an einer Bar, als Kellnerin im Restaurant oder an einem Ort arbeiten möchtest, an dem Alkohol ausgeschenkt wird,

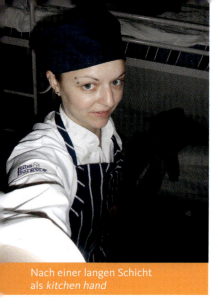

Nach einer langen Schicht als *kitchen hand*

brauchst du eine Alkohol-Ausschank-Lizenz, das sogenannte RSA-Zertifikat (*Responsable Service of Alcohol Training*).

Das RSA-Zertifikat kannst du vor Ort mit einem Kurs oder ganz leicht über einen Online-Test erwerben, zum Beispiel bei RSA Training oder TCP Training. Die Schulung vor Ort dauert ca. 6 Stunden und kostet um die 140 AUD. Hier lernst du vor allem den verantwortungsvollen Umgang mit Alkohol und erhältst Tipps, wie du dich gegenüber alkoholisierten Personen verhalten solltest. Der Online-Test ist günstiger als der persönliche Kurs und kostet etwa 60 AUD. Diesen kannst du bereits von Deutschland aus machen.

Achtung: Jeder australische Bundesstaat hat seine eigenen Richtlinien. Das RSA-Seminar (online oder persönlich) bezieht sich immer auf den jeweiligen Bundesstaat, für den du das Zertifikat erwirbst. Für manche, wie etwa Victoria, ist es Pflicht, den RSA-Kurs persönlich zu besuchen. Um nicht unnötig Geld auszugeben, solltest du dir vorher überlegen, wo du arbeiten möchtest und dann das für die Region entsprechende RSA-Training absolvieren. Hast du eines der Zertifikate erworben, benötigst du manchmal nur ein Upgrade, um in einem anderen Bundesstaat arbeiten zu können. Informationen dazu findest du auf den offiziellen Regierungsseiten der Bundesstaaten sowie bei den Kurs-Anbietern.

4.1.3 Eventbereich und Street Marketing

Du möchtest mit einem Gelegenheitsjob schnell und spontan ein bisschen Geld verdienen?! Die Arbeit im Eventbereich und Street Marketing bietet dir dafür viele Möglichkeiten. Du kannst Flyer verteilen, Unterschriften sammeln, Einlasskarten bei Großveranstaltungen kontrollieren sowie Security-, Service- oder Putzjobs für Veranstaltungen annehmen – je nach Fähigkeiten und freien Arbeitsstellen. Erkundige dich auf deiner Reise einfach nach speziellen Veranstaltungen in deiner Umgebung. Vor allem bei Großevents werden für eine kurze Zeit immer viele tatkräftige Mitarbeiter gesucht. Dazu zählen unter anderem Sportereignisse wie beispielsweise der Australian Grand Prix (Formel 1) oder die Australian Open (Tennis), alljährliche öffentliche Events wie Silvester oder der Australia Day, aber auch kleinere Festivals, Konzerttouren oder spezielle Veranstaltungen in Unterhaltungsparks. Nicht nur in den großen Städten bieten sich dir Möglichkeiten, in diesem Bereich spontan zu jobben. Auch kleine und entlegene Orte lieben Feste und Veranstaltungen, bei denen du am Eisstand oder in der Imbissbude aushelfen kannst.

Die meisten Organisatoren suchen Arbeitskräfte für die Dauer des gesamten Veranstaltungszeitraums. Bedenke, dass viele Großevents auch vor Beginn und nach dem Ende kräftige Unterstützung für Aufbau, Abbau oder sogar schon bei der Planung brauchen!

Eventorganisatoren, aber auch normale Dienstleistungsfirmen oder Restaurants benötigen meist Unterstützung bei der Öffentlichkeitsarbeit (*promotion*). Beim sogenannten Street Marketing bist du oft Berater beziehungsweise Verkäufer, der für die Unternehmen von Tür zu Tür geht und deren Werbetrommel rührt. Diese Jobs erhältst du häufig sehr spontan. So steht beispielsweise am Morgen ein Aushängeschild im Geschäft oder eine Anzeige in der Zeitung, dass jemand gebraucht wird, der Flyer oder Gratisproben verteilt. In der Regel meldest du dich beim Arbeitgeber (persönlich oder per Telefon ist es immer am besten) und kannst sofort für

In den Straßen der Großstädte ist immer etwas los!

ein paar Stunden arbeiten. Am Ende des Tages bekommst du deinen Lohn und kannst mit ein paar Dollars mehr in der Tasche weiterreisen.

Wenn du viel reden kannst und überzeugend im Small Talk bist, dann ist der *promoter job* genau das Richtige für dich. In der Regel sollst du den Leuten dabei das Produkt des Arbeitgebers verkaufen (von der Haarbürste bis zum Vertrag über regelmäßige Spenden an die Tierschutzorganisation). Meistens wirst du als Promoter nach deiner Leistung bezahlt, d.h. nach der Zahl der verkauften Produkte. Das kann sehr gut funktionieren und schnell viel Geld in deine Kasse bringen. Wenn du aber kaum etwas verkaufen kannst, wird es schnell frustrierend. In diesem Fall solltest du dich besser nach etwas anderem umsehen.

4.1.4 Fabrik- und Lagerarbeit (*factory work*)

Viele Fabriken und Lager suchen zuverlässige Hilfskräfte in ganz Australien. Manche Fabriken liegen am Rand der

Großstadt, andere in vollkommener Abgeschiedenheit auf kleinen Inseln. Auch hier sind deiner Kreativität kaum Grenzen gesetzt, denn es gibt die unterschiedlichsten Branchen, darunter beispielsweise Fleisch-, Käse-, Saatgut- oder Zitronenfabriken, Möbellager oder Warenhallen der großen Supermarktketten.

Die Arbeit in den Fabriken und Lagern umfasst oft Tätigkeiten wie Ware abfüllen, verpacken und umlagern. Sie kann schnell eintönig sein und ist häufig körperlich anstrengend, wird dafür aber fast immer nach Stunden bezahlt. Die Anstellung in den Fabriken ist oft auf längere Zeit angelegt und umfasst gern 2 oder 3 Monate. Ausnahmen bestätigen natürlich die Regel.

Viele Fabriken bekommen zeitlich begrenzte, aber riesige Sonderaufträge, bevor eine Großveranstaltung in der Umgebung stattfindet. So werden beispielsweise in der Nähe von Melbourne 1 bis 2 Monate vor den großen Sportevents wie dem Melbourne Cup oder der Formel 1 Mitarbeiter in Fabriken gesucht, die bei der zusätzlich anfallenden Arbeit helfen (zum Beispiel Tausende von Informations-Flyern oder Karten in Kisten verpacken).

4.1.5 Das Leben als Jackaroo/Jillaroo

Du träumst vom australischen Cowboy-Leben? Dann brauchst du mehr als den obligatorischen Akubra Hat – den beliebtesten Cowboy-Hut der Australier!

Die Ausbildung zum Jackaroo beziehungsweise zur Jillaroo (weibliche Form) ist eine ganz besondere Art, den Alltag der australischen Outback-Farmer kennenzulernen. Du lebst mit den Farmern auf einer Ranch, die oft weit abgelegen von jeglicher Zivilisation liegt. Hier lernst du, wie du auf australische Art reitest, Schafe scherst, Zäune baust, ein Lasso wirfst oder wie das Vieh eingetrieben werden muss. Vom Trip durch die trockene Wüste über einen Ausritt auf dem Pferderücken inmitten von Kängurus bis zum Ausklang des Tages am Lagerfeuer unter dem Sternenhimmel ist oft alles dabei.

Jackaroo oder Jillaroo wirst du mit einer speziellen Ausbildung, die du Down Under machen kannst. Diese dauert meistens eine Woche und kostet um die 600 AUD. Danach kannst du dich auf vielen Farmen als Jackaroo oder Jillaroo einstellen lassen. Die authentische Farmarbeit ist aufregend und einzigartig. Allerdings ist sie auch körperlich anstrengend und manchmal nichts für schwache Nerven. Vor allem dann nicht, wenn der Zuchtbulle beschnitten oder das niedliche Lamm geschlachtet werden muss.

4.1.6 Arbeiten für Kost und Logis

Eine gute Variante, um sparsam durch das Land zu reisen, ist die Arbeit für Kost und Logis. Oft gibt es die Möglichkeit, auf Campingplätzen, Farmen oder in Hostels stundenweise oder halbtags zu jobben.

Im Allgemeinen umfasst die Arbeit Tätigkeiten wie Putzen, die Aushilfe an der Rezeption oder handwerkliche Unterstützung bei Reparaturen und Ähnliches. Im Gegenzug bekommst du Verpflegung und Unterkunft günstiger oder sogar kostenlos. Besondere Vorkenntnisse oder Fertigkeiten werden von den meisten Unterkünften nicht gefordert.

Wenn du für eine gewisse Zeit (es reichen manchmal schon zwei Wochen) am selben Ort bleiben möchtest, ist das eine prima Lösung. Du arbeitest für ein paar Stunden und hast davor oder danach genug Zeit für Freizeitaktivitäten in der Umgebung. Oft stellen dir die Australier einen derartigen Job spontan zur Verfügung, wenn du sie darauf ansprichst.

4.1.7 WWOOFing

WWOOFing ist eine tolle Gelegenheit, die Arbeitswelt und das australische Leben hautnah kennenzulernen. Als WWOOFer hilfst du den Australiern bei ihrer täglichen (Farm-) Arbeit und nimmst am Alltag und am Leben der Familien teil. Ob als Babysitter oder als Zaunreparierer – die Australier freuen sich nicht nur über deine Hilfe, sondern möchten auch dich kennenlernen und dir ihre Kultur näher bringen. Ihr könnt voneinander lernen, Geheimtipps (Kochrezepte, Sehenswürdigkeiten, Angewohnheiten) austauschen und manchmal sogar Freunde fürs Leben werden.

> **WWOOFing ...**
> ... steht für Willing Workers on Organic Farms, d.h. für die Arbeit auf Bio-Farmen und Bauernhöfen.

Als WWOOFer verdienst du kein Geld. Dafür bekommst du aber eine kostenlose Unterkunft und Verpflegung. Für die Volontärarbeit von maximal 6 Stunden pro Tag brauchst du keine besonderen Vorkenntnisse.

WWOOFen kannst du, wenn du dich als Mitglied des WWOOFing-Programms registrierst. Das machst du, indem du das WWOOFing-Buch für eine Gebühr von ca. 70 AUD kaufst. Mit diesem Buch erhältst du automatisch deine WWOOFing-Mitgliedsnummer und die Adressen und Kontaktdaten der WWOOFing-Farmen. Zudem bekommst du einen Zugang zur Online-Datenbank mit den aktuellen WWOOFing-Mitgliedern und Bewertungen der einzelnen Arbeitsplätze. In der Regel suchst du dir eine Farm oder Familie aus, rufst an und findest heraus, ob der WWOOFing-Platz noch frei ist oder überhaupt für dich in Frage kommt.

Das Buch mit den Adressen, Telefonnummern und deiner Mitgliedsnummer bekommst du online von der WWOOFing Organisation (www.wwoof.com.au) oder auch in einem der Backpacker Traveller Center überall in Australien.

Vorsicht, WWOOFing hat auch seine Nachteile: Manche

Familien nutzen dich als kostengünstige Arbeitskraft aus. Es kann vorkommen, dass du den ganzen Tag schuften musst und dafür in einer schmutzigen Unterkunft wohnst. Wir raten dir daher, bereits am Telefon alle wichtigen Fragen mit dem WWOOF-Host (dem Farmer) zu klären. Erkundige dich vor allem nach:
- der Art der Unterbringung
- den Arbeitstätigkeiten und -zeiten
- der Mindest- oder Maximalaufenthaltsdauer
- den Mahlzeiten (Vegetarier haben es oftmals schwerer)
- anderen Backpackern auf der Farm (Als Frau solltest du unbedingt erfragen, ob auch andere weibliche Personen auf der Farm leben.)

Wenn du bei deinem „Vorstellungsgespräch" am Telefon auf deinen gesunden Menschenverstand und dein zuverlässiges Bauchgefühl hörst, kann eigentlich nichts schief gehen. Viele WWOOF-Hosts sind einfache Großfamilien mit Kindern und vielen Tieren, die gerne einen Einblick in ihren biologischen Land- und Gartenbau ermöglichen wollen und sich über zuverlässige Hilfe freuen. Und sollte es dir nicht gefallen, kannst du jederzeit gehen.

4.1.8 Volontärarbeit (*volunteering*)

Tasmanischer Teufel, Wombat, Känguru und Co. – neben den einzigartigen Tieren besitzt Australien auch eine atemberaubende Pflanzenwelt und die beeindruckende Kultur der Aborigines. Du möchtest dich zum Schutz von Nationalparks, Kulturrelikten und einheimischen Tieren oder Pflanzen einsetzen? Dann kannst du dich als Volontär (*volunteer*) bei zahlreichen Projekten und Schutz-Organisationen melden. Geld verdienst du dabei nicht. Dafür erlebst du Australiens faszinierende Ein-

Weinlese im Derwent Valley auf Tasmanien

zigartigkeit hautnah. Und oft werden dir als Gegenleistung die Unterkunft und Verpflegung für deine Arbeit bereitgestellt.

Eine der bekanntesten Nonprofit-Organisationen in Down Under ist Conservation Volunteers Australia. Sie setzt sich in ganz Australien für den Naturschutz und die Erhaltung indigener Kultur ein. Meist zahlst du eine Anmeldegebühr oder Transport- und Unterkunftskosten, die je nach Projekt und Ort variieren, und kannst dafür ehrenamtlich tätig sein. Die Arbeitsaufgaben sind vielseitig. So kannst du zum Beispiel Tiere beobachten, neue Wanderwege in den Nationalparks anlegen oder Bäume pflanzen. In jedem Fall leistest du einen wichtigen Beitrag zur Erhaltung der Schönheit und Besonderheit Australiens!

4.2 Was brauche ich für die Arbeit?

Um in Australien arbeiten zu können, brauchst du das Working Holiday Visum, eine australische Steuernummer und ein australisches Bankkonto (siehe Kapitel „Wie eröffne ich

Arbeitskleidung findest du in Second Hand Shops

ein australisches Bankkonto" und „Wie beantrage ich eine Steuernummer"). Für viele Jobs benötigst du zudem eine schriftliche Bewerbung. In der Regel erklärt dir dein Arbeitgeber genau, was du benötigst, bevor du mit der Arbeit anfängst. Arbeitswerkzeuge wie Messer, Eimer, Schutzkleidung oder Ähnliches wird dir von deinem Chef kostenfrei zur Verfügung gestellt.

Arbeitsbekleidung

Für jede Arbeit musst du natürlich entsprechend angezogen sein. Wenn du in einem Büro, Restaurant oder Hotel arbeitest, benötigst du auf jeden Fall ordentliche bis gehobene Kleidung (beispielsweise Anzug oder Blazer) und festes Schuhwerk (keine Flip Flops).

Bei der Tätigkeit in manchen Fabriken oder auf Farmen empfehlen wir dir alte Kleidungsstücke, die schmutzig werden oder kaputt gehen können. Du brauchst jedoch keine speziellen „alten" Sachen von Deutschland aus mitzunehmen. In den Städten und meist auch in der Nähe großer Erntegebiete, gibt es viele Second Hand Shops und Läden der Salvation Army. Hier bekommst du Hosen, Shirts, Hüte oder auch Arbeitsstiefel zum sehr günstigen Preis. Die meisten Shirts oder Hosen gibt es schon ab 1 AUD.

Sonnenschutz und Verpflegung

Bei der Arbeit im Freien ist es immer wichtig, dass du deine Haut gut vor der Sonne schützt. Weite Shirts und ein Sonnenhut sind bei einigen Farmern oder Arbeitgebern bei der Ernte sogar ein Muss. Achte auch darauf, dass du dich gut mit Sonnenschutzmittel eincremst.

Was eigentlich selbstverständlich ist, oft aber in der Aufregung in den ersten Tagen vergessen wird, ist die Verpflegung. Gerade bei körperlich anstrengender Arbeit solltest du immer ausreichend Wasser (!) und kleine Snacks wie Müsliriegel oder Obst dabei haben.

4.3 Wie und wo finde ich einen Job?

Du hast dir deinen Traumjob ausgesucht?! Dann beginnt nun die Suche nach der richtigen Arbeitsstelle. Sei dir dabei immer bewusst, dass du leichter eine Arbeit findest, wenn du hinsichtlich Job, Ort und Zeit flexibel und spontan bist. Es gibt vielseitige Möglichkeiten, um Down Under an Arbeit zu kommen:

4.3.1 Schwarze Bretter (*notice boards*)

Du findest viele Aushänge zu Jobangeboten an Schwarzen Brettern in den Hostels oder den Büros der Organisationen. Auch in den Supermärkten oder anderen öffentlichen Räumen gibt es Schwarze Bretter mit Inseraten. Natürlich kannst du auch selbst einen Aushang machen.

Achte auch auf Zettel in Cafés, Restaurants, Bibliotheken und Shops. Die meisten Arbeitgeber informieren so über ihre freien Stellen.

4.3.2 Tageszeitungen/Magazine (*newspapers*)

Vor allem samstags und mittwochs sind die Tageszeitungen voll mit Stellenanzeigen. Manche *newspapers* erhältst du bereits am Vorabend des Veröffentlichungsdatums, etwa gegen

23 Uhr. Damit kannst du am nächsten Morgen besonders frühzeitig mit deiner Jobsuche und deinen Anfragen bei den Arbeitgebern beginnen. Eines der bekanntesten Jobmagazine Down Under ist das TNT-Magazin. Es enthält viele Stellenanzeigen und Ratschläge rund um das Thema Job sowie zu den Bereichen Unterkunft, Sightseeing und Attraktionen. Das Magazin findest du auch online unter www.tntmagazine.com.

4.3.3 Von Tür zu Tür (*door-knocking*)

Um in Australien einen Job zu bekommen, musst du oft hartnäckig sein und dich auch initiativ bewerben. In der Regel gehst du daher von Tür zu Tür oder von Café zu Restaurant zu Büro. Beim sogenannten *door-knocking* gehst du einfach bei den potenziellen Arbeitgebern vorbei und fragst nach einer freien Stelle. Um dich spontan persönlich zu bewerben, benötigst du Reisepass, Lebenslauf (*resume*) und Steuernummer (TFN). Manchmal ist es hilfreich, zu betonen, dass du Working Holiday Maker bist und deine Erfahrung durch den jeweiligen Job bereichern möchtest. Auch Putzen in einem Restaurant kann eine wertvolle Erfahrung sein!

Das *door-knocking* oder auch *jobhunting* ist nicht ganz einfach, denn du wirst viele Ablehnungen bekommen. Verlier aber nicht den Mut und stell dir selbst einen Plan für die Jobsuche auf. Beispielsweise kannst du ein paar Stunden täglich für die Jobsuche einplanen und dich den restlichen Tag mit Sightseeing beschäftigen oder Leute treffen.

4.3.4 Organisationen und Agenturen

Wenn du mit einer der Work & Travel-Organisationen oder Job-Paketen einzelner Agenturen nach Australien kommst, erhältst du oft eine gute Hilfestellung bei deiner Arbeitssuche. Bei den großen Organisationen hast du in der Regel die Möglichkeit, in deren oft exklusiven Jobdatenbanken nach passenden Stellen zu suchen. Auch kleinere Work & Travel-Agenturen bieten dir Jobpakete an, in denen Zugangsdaten zu speziellen Online-Jobbörsen oder -Foren enthalten sind. Viele geben dir auch eine individuelle Hilfestellung. Per Telefon oder bei einem persönlichen Gespräch erhältst du Ratschläge für deine Arbeitssuche und kannst dich über aktuelle Jobangebote informieren.

4.3.5 Infocenter

Eine weitere Anlaufstelle sind die Informationscenter, die du in fast jedem Ort findest. Bei einigen liegen Listen mit Arbeitgebern und Suchanfragen aus oder sie wissen, wo in der Umgebung Arbeitsplätze vergeben werden.

4.3.6 Online-Portale

Eine weitere wichtige Quelle bei der Jobsuche sind die diversen Online-Portale. Jobbörsen wie beispielsweise www.jobs4travvellers.com.au oder www.fruitpickingjobs.com.au sind nur zwei von vielen Möglichkeiten. Eine weitere gute Job-Datenbank ist auch die offizielle Seite der Regierung, die www.jobsearch.gov.au. Ein absoluter Tipp ist die Plattform www.gumtree.com.au. Eigentlich ist Gumtree eine praktische Tausch- und Verkaufsbörse, aber immer mehr Australier bieten hier auch Jobs aus verschiedenen Bereichen an. Dort kannst du zudem deine eigene Suchanzeige aufgeben, die von vielen Arbeitgebern gelesen wird.

4.3.7 Zeitarbeitsfirmen/Arbeitsvermittler (*employment agencies*)

Auch in Australien gibt es viele private Arbeitsvermittler. Anders als bei uns in Deutschland spielen sie für Jobsuchende in Australien eine große Rolle. Und das Beste ist, dass sie auch für Working Holiday Maker zur Verfügung stehen. Vor allem im Hotel- und Gastgewerbe sowie in den Branchen Industrie, Administration und Kinderbetreuung können dir die Zeitarbeitsfirmen und Arbeitsvermittlungen weiterhelfen.

Bei einem Termin mit einer der Jobagenturen solltest du immer gepflegt und ordentlich gekleidet erscheinen. Auch deinen Lebenslauf und deine Referenzen musst du zum Gespräch dabei haben. Der erste Eindruck ist oft entscheidend darüber, für wie seriös und arbeitswillig dich die Zeitarbeitsfirma hält. Meistens bekommst du zuerst einen Job für wenige Tage angeboten, damit dich die Agentur besser einschätzen kann. Leistest du gute Arbeit, klappt es auch mit einer langfristigen Anstellung.

4.3.8 Harvest Trail Hotline

Wenn du nach Arbeit im Erntebereich suchst, kannst du spezielle Harvest Hotlines anrufen. Die bekannteste ist die Hotline des National Harvest Telephone Information Service. Die aktuelle Nummer findest du auf der Website der Regierung unter www.jobsearch.gov.au/harvesttrail.

Hier kannst du dir online oder per Telefon Informationen über Erntearbeiten für ganz Australien einholen. Harvest Trail gibt dir zudem Hinweise zur aktuellen Lage, damit du zum Beispiel weißt, ob die Mangoernte in Darwin schon begonnen hat oder erst später als geplant starten wird. Harvest Trail und die entsprechende Harvest Line vermittelt dir auch einen Job, wenn du danach fragst. Manchmal braucht es aber eine gewisse Zeit, bis du eine Stelle angeboten bekommst. Mit dem National Harvest Trail Guide, der auch auf der Website der australischen Regierung zu finden ist, bekommst du alle wichtigen Informationen und einen umfangreichen Erntekalender aller Obst- und Gemüsearten in Australien.

4.3.9 Working Hostels

In den Regionen, in denen besonders viele Arbeitsplätze für Backpacker vorhanden sind, gibt es sogenannte Working Hostels. Das sind eigentlich normale Hostels, in denen du wohnen kannst. Ihre Besonderheit liegt in ihren umfassenden Kontakten zu australischen Farmen und Unternehmen, die Backpacker als Arbeiter suchen (vorrangig bei der Ernte). Working Hostels können dir also aktiv bei der Jobsuche helfen oder dich gleich an einen Arbeitgeber vermitteln. Einige der Hostels organisieren auch die Fahrt zum Arbeitsplatz und zurück. In der Regel wirst du mit deinen Backpacker-Kollegen via Shuttle-Bus zu den Feldern oder Plantagen gebracht und nach der Arbeit wieder abgeholt.

Vorsicht: Manche Working Hostels wollen, dass du eine gewisse Mindestzeit bei ihnen wohnst und haben dennoch bis zum Ende der Frist keinen Job für dich arrangiert. Deren einziges Ziel ist es leider, dir das Geld aus der Tasche zu ziehen. Sollte dir versprochen werden, dass du erst in 4 oder 6 Wochen eine Arbeit vermittelt bekommst und bis dahin im Hostel bleiben kannst, ist das meist ein Anzeichen für eine leere Versprechung. Erkundige dich am besten bei anderen Backpackern in den Hostels, wie die Situation aussieht, bevor du dich einmietest.

4.3.10 Mit den Leuten sprechen (*small talk*)

Verschwende nicht zu viel Zeit mit der mühseligen Jobsuche, wenn du nicht unbedingt musst. Gelegenheiten ergeben sich oft auch per Zufall auf deiner Reise. Du lernst wahrscheinlich deinen neuen australischen Arbeitgeber in einem Pub oder auf einem Straßenfest kennen oder triffst andere Backpacker, die dir einen Job vermitteln. Die Australier sind voll und ganz auf jobsuchende Working Holiday Maker vorbereitet. Wichtig ist, dass du dich mit anderen über die Arbeitswelt unterhältst. Oft kennen die netten Australier von nebenan jemanden, der jemanden kennt. Sprich mit ihnen und auch mit anderen Backpackern über deren Erfahrungen und lass dir am besten Telefonnummern geben, damit du bei dem potenziellen Arbeitgeber anrufen und nachfragen kannst. Manchmal wissen auch die Mitarbeiter in den Hostels, wo gerade freie Backpacker-Jobs zu haben sind. Oder bist du gerade in einem Supermarkt einkaufen? Dann frag doch einfach mal dort nach, ob ein Job frei ist.

Reden ist Gold

Sprich mit anderen über ihre Arbeitserfahrungen: WO haben sie gearbeitet und WIE waren die Arbeitsverhältnisse.

4.4 Ich finde keinen Job, was mache ich?

Die erfolglose Suche nach der richtigen Arbeit kann schnell frustrierend sein. Viele Rucksacktouristen kennen diese Situation: Überall sind die Plätze bereits belegt, denn die Zahl der Backpacker ist außerordentlich hoch. Und dann wird auch noch das Geld in der Reisekasse immer knapper. Aber lass dich davon nicht unterkriegen. Stellen gibt es down under viele! Wenn du offen und flexibel bist, ist es so gut wie überall möglich, eine Arbeit zu finden.

Wichtig ist es, bei der Suche nach Arbeit nicht den Mut und die Kreativität zu verlieren. Es gibt sehr viele Jobs, die wir uns in Deutschland kaum vorstellen können. Wie wäre es also mit einer Anstellung als Perlentaucher, Inselwart, Koalafänger oder als *boat steward* am Great Barrier Reef?!

Wenn du dich nach Arbeitsplätzen umhörst, sei stets freundlich und achte auf ein gepflegtes Aussehen. Eine positive Ausstrahlung hat schon so manchem Backpacker zu einem Job verholfen. Binde dich nicht an einen bestimmten Ort, sondern sei bereit, woanders hinzugehen – selbst, wenn es dich in die entlegenste Gegend führt oder du für einen (sicheren) Job erst einige Tausend Kilometer zurücklegen musst. Auch wenn du keine praktischen Vorkenntnisse hast: Mach dir deine persönlichen Stärken klar und beweise dem Arbeitgeber, dass du mehr als geeignet für den Job bist und zuverlässig arbeiten kannst.

4.5 Bezahlung (*payment*)

Glückwunsch, du hast eine Arbeit gefunden. Endlich kommt das erste Gehalt und die Dollars rollen in deine Tasche! Der Lohn wird in Australien wöchentlich ausgezahlt. Meistens bekommst du ihn von deinem Arbeitgeber auf dein australisches Konto überwiesen. Oft werden dir auch Gehalts-Schecks ausgegeben, die du dann bei deiner australischen Bank einlösen musst. Selten wird dir der Lohn bar auf die Hand gegeben.

Der durchschnittliche Lohn für Backpacker liegt bei ca. 15 AUD pro Stunde. Das variiert natürlich je nach Branche, Region, Saison und Qualifikation. Hast du beispielsweise einen Job beim *fruit picking* im Bundesstaat Queensland und wirst

Sei motiviert und ehrgeizig!
Dann klingelt es in der Reisekasse!

nach Mindestlohn bezahlt, liegt der Stundenlohn bei knapp 19 AUD. Als Kellner in einem Restaurant in Perth kannst du an einem Feiertag, der immer besonders gut bezahlt wird, auch gern einmal 28 AUD pro Stunde verdienen und erhältst zusätzlich etwas Trinkgeld. Die Höhe der Bezahlung ist so vielseitig wie die Jobmöglichkeiten selbst. In der Regel solltest du aber nicht weniger als 10 - 14 AUD pro Stunde verdienen.

4.5.1 Stundenlohn vs. Akkord-/Vertragsarbeit (*hourly paid vs. contract jobs/piece rate*)

Oft locken Arbeitgeber mit viel Geld, das du verdienen kannst, wenn du gute Arbeit machst. In sogenannten *contract jobs* wirst du nicht nach Stunde, sondern nach Stück bezahlt. Das heißt, du verdienst dein Geld, je nachdem, wie viel du erntest oder leistest.

Manchmal ist das angebotene hohe Gehalt nur ein Lockmittel, um dich als billige Arbeitskraft einzustellen. So wird dir zum Beispiel ein hoher Lohn vorgerechnet, wenn du eine bestimmte Menge Früchte pflückst. Am Ende stellt sich dann aber heraus, dass dieses Pensum gar nicht zu schaffen ist und du viel weniger verdienst als gedacht.

Es ist am Anfang immer sicherer, sich per Stunde bezahlen zu lassen, denn dann weißt du auch genau, wie dein Gehalt am Ende der Woche aussieht. Solltest du ein verlockendes Jobangebot erhalten und bist mit den Tätigkeiten vertraut, kann es sich durchaus lohnen es auszuprobieren. Und wenn dir der Job nicht gefällt, kannst du ihn ja jederzeit kündigen.

> **Bezahlung**
> Stundenlohn ist besser als nach Akkord bezahlt zu werden. Der Lohn ist sicher und fix.

4.5.2 Muss ich in Australien Steuern bezahlen? (*tax*)

Mit dem richtigen Job, verdienst du in Australien schnell viel Geld. Aber auch hier zieht dir das Finanzamt einen ziemlich hohen Steuerbetrag (*tax*) von deinem Gehalt ab. Der Höchstsatz liegt bei 47 %. Als Working Holiday Maker mit einer Steuernummer giltst du jedoch als „non-resident" (nicht einheimisch) und zahlst nur 32,5 %. Das klingt erst einmal sehr viel, aber das Steuergeld kannst du dir am Ende deiner Reise mit einer Steuererklärung teilweise zurückholen.

Übrigens: Wenn du 6 Monate am Stück am gleichen Ort arbeitest, kannst du dich auch als „resident" (Einwohner) einstufen lassen und zahlst dann sogar nur 19 % Steuern.

Die Steuererklärung machen (*tax return*)

Eine Steuererklärung zu machen ist empfehlenswert, wenn du viel gearbeitet und Steuern bezahlt hast. Auch wenn du später wieder einmal in Australien einreisen möchtest, soll-

Steuerjahr

Achtung: Das australische Steuerjahr endet immer am 30.06.! Je nachdem, wann du in Australien unterwegs bist, wird die Steuererklärung bereits fällig, während du Down Under bist.

test du eine Steuererklärung machen, um eventuelle Probleme mit australischen Ämtern zu vermeiden.

Es gibt eine Reihe von Agenturen (*tax agencies*), die für dich gegen eine Gebühr die Steuererklärung übernehmen. Taxback.com ist eine der internationalen Agenturen, die dir dabei helfen. Hier kannst du sogar vorher kostenlos checken lassen, wie viel Steuergeld du zurück bekommen würdest. Natürlich kannst du die Steuererklärung auch selbst via E-Tax über das Tax Return Programm auf der Internetseite des Australian Taxation Office (www.ato.gov.au) machen. Die englische Steuererklärung ist nicht unbedingt einfach, mit der Hilfe-Option aber auf jeden Fall machbar.

4.5.3 Superannuation (Australische Rente)

Wenn du in Australien arbeitest, dann zahlt dein Arbeitgeber für dich die sogenannte Superannuation, kurz *Super*. Das ist so etwas wie die australische Rente. Du selbst zahlst nichts in deine Rentenkasse ein. In der Regel bekommst du von deinem Arbeitgeber zum Anfang ein Formular dazu ausgehändigt. Hier wird vordergründig nach deinen persönlichen Daten und deinem Superannuation Account gefragt. Diesen kannst du bei der Eröffnung deines australischen Bankkontos gleich mit beantragen, musst du aber nicht. In Australien ist dein Arbeitgeber nämlich auch dazu berechtigt, für dich ein Superannuation-Konto bei der Bank seiner Wahl zu eröffnen.

Der Super-Account kostet ca. 5 AUD Gebühr im Monat, sobald das erste Mal Geld überwiesen wurde. Woche für Woche sammelst du aber Rentengeld vom Arbeitgeber, dass dir nach deiner Ausreise aus Australien ausgezahlt werden kann (siehe Kapitel „Goodbye Australia und Willkommen zurück in Deutschland").

4.6 Kündigung und Fristen (*periods of notice*)

In Down Under läuft vieles lockerer als in Deutschland ab. Das ist auch im Bereich des Arbeitsmarktes oft nicht anders. Lange und starre Fristen gibt es daher in den typischen Backpacker-Jobbranchen nicht unbedingt. Die Kündigungsfrist liegt im Normalfall bei 2 Wochen, kann aber je nach Arbeitgeber sogar noch verkürzt werden.

Als Working Holiday Maker bist du meist als Gelegenheitsarbeiter (*casual*) angestellt und kannst jederzeit fristlos gekündigt werden, wenn beispielsweise äußere Umstände wie schlechtes Wetter bei der Ernte die Arbeit verhindern. Dein Arbeitgeber kann dich dann auch ohne Bezahlung für den Tag oder die Dauer der Regenzeit nach Hause schicken.

Das klingt erst einmal schlimm, ist es aber gar nicht. Denn als Backpacker hast du so die Freiheit, spontan zu gehen. Vor allem, wenn sich ein Jobangebot auftut, bei dem du ein paar Dollars mehr pro Stunde verdienen oder bessere Arbeitskonditionen haben würdest, kannst du kündigen und den neuen Job anfangen. Der Fairness halber solltest du deinem Arbeitgeber immer rechtzeitig Bescheid geben, dass du die Arbeit aufgeben willst. So hat er genug Zeit, einen Ersatz für dich zu finden.

> **Sei fair und respektvoll!**
> Einige Backpacker geben die Arbeit spontan auf und kommen einfach am nächsten Morgen nicht mehr zur Arbeit. Das ist nicht nur dem Arbeitgeber gegenüber unfair. Es wirft auch ein schlechtes Bild auf alle, die nach dir kommen. Macht ein Unternehmen zu viele schlechte Erfahrungen, wird es voraussichtlich keine Rucksacktouristen mehr einstellen. Das schadet nicht nur den einzelnen Travellern, sondern macht auch die Idee des besonderen Work & Travel-Programms kaputt.

4.7 Wie bewerbe ich mich? (*make an application*)

Jetzt bist du endlich in Down Under und willst den australischen Arbeitsmarkt erkunden. Um einen potenziellen Arbeitgeber auf dich aufmerksam zu machen, rufst du ihn in der Regel an oder gehst persönlich und mit deinem Lebenslauf vorbei.

Wenn du deinen zukünftigen Chef kontaktierst, sei immer freundlich und beginne beispielsweise mit „How are you?" (Wie geht es dir/Ihnen). Erkundige dich am Anfang auch immer, ob der Zeitpunkt gerade passt oder ob du später noch einmal anrufen oder vorbeikommen sollst. Du kannst zum Beispiel fragen: „What's a good time to bring my resume?" Die Bemerkung „Promise, I won't waste your time. I just want to drop off my resume" ist ebenfalls ein guter Einstieg beim ersten Kontakt. Wenn du bei deiner schriftlichen Bewerbung, am Telefon und auch beim Vorstellungsgespräch respektvoll und natürlich auftrittst, bringt das immer Pluspunkte beim Arbeitgeber. Vor allem aber am Telefon solltest du nicht zu formell sein. Sei entspannt und zeig deine Persönlichkeit, dann kann nichts schief gehen!

> **Pluspunkte**
> Das Bewerbungsverfahren unterscheidet sich nicht bedeutend von dem in Deutschland. Deutsche Backpacker sammeln in Australien jedoch schon Pluspunkte, weil sie als zuverlässig, pünktlich und sehr fleißig gelten.

4.7.1 Bewerbungsschreiben (*application*)

Je nachdem, wo du arbeiten möchtest, unterscheiden sich die Einstellungsverfahren. Für Jobs wie Farm- oder Erntearbeit brauchst du meistens keine Vorkenntnisse oder besondere Fähigkeiten. Du rufst bei den potenziellen Arbeitgebern an oder gehst einfach vorbei und fragst nach einer freien Arbeitsstelle.

Für andere Arbeitsplätze, beispielsweise in Hotels oder im Büro, brauchst du jedoch immer eine schriftliche Bewerbung. Sie besteht im Normalfall aus einem Anschreiben (*cover letter*) und einem Lebenslauf (*resume* oder *CV* – Curriculum Vitae). Wenn der Arbeitgeber an dir interessiert ist, wird er dich kontaktieren und um weitere Unterlagen wie Arbeitszeugnisse oder Referenzen bitten. Beachte, dass du für dein englisches Bewerbungsschreiben kein Foto benötigst! Und auch Geburtsdatum, Geburtsort oder Familienstand werden im australischen Bewerbungsschreiben üblicherweise nicht aufgeführt! Dein Schul- oder Studienabschlusszeugnis brauchst du ebenfalls nicht für deine Bewerbung. Ein Arbeitszeugnis bringt dir nur etwas, wenn du dich um einen Job in deiner Branche bewerben willst. Davon benötigst du dann eine englische Übersetzung, die notariell beglaubigt wurde.

Beachte, dass du in jeder Bewerbung erwähnen solltest, ab wann du mit der Arbeit anfangen willst. Du kannst zusätzlich auch angeben, zu welchen Tagen (Montag bis Freitag, inklusive Wochenende etc.) und zu welchen Tageszeiten (tagsüber, nachts etc.) du verfügbar bist.

Anschreiben (*cover letter*)

Das Anschreiben (*cover letter*) fügst du deiner Bewerbung nur bei, wenn du sie per Post oder E-Mail an den Arbeitgeber schickst. Gehst du persönlich bei der Arbeitsstelle vorbei, reichen dein Lebenslauf und die Referenzen aus. Der *cover letter* soll den Arbeitgeber auf dich aufmerksam machen. Er sollte

> **Bewerbung**
> Deine Bewerbung kannst du bereits zu Hause vorschreiben und als digitale Kopie (USB-Stick, Cloud) mit nach Australien nehmen.

kurz und prägnant sein und in jedem Fall folgende Fragen beantworten:
- Für welche Stelle bewirbst du dich?
- Wo hast du von der Stelle erfahren?
- Warum willst du gerade diesen Job / zu diesem Arbeitgeber?
- Warum sollte der Arbeitgeber unbedingt dich auswählen? (deine Qualifikation, die für den Job gefordert wird)

Dein Anschreiben beginnt mit deinen Kontaktdaten: Name, Adresse, Telefonnummer, E-Mail-Adresse. Es folgen das Datum in der Reihenfolge Tag, Monat, Jahr sowie der Name und die Adresse des Empfängers.

Die erste Zeile des eigentlichen Anschreibens ist die Begrüßung, zum Beispiel: „Dear Mr ..." oder „Dear Sir or Madam". Nach der Anrede folgt eine optionale Betreffzeile, in der du zum Beispiel die Position angibst, für die du dich bewirbst.

Der eigentliche Text sollte zielgerichtet und knapp formuliert sein. Damit er besser strukturiert und überschaubar ist, solltest du ihn in kurze inhaltliche Absätze unterteilen.

Abschließend folgt eine Grußformel, beispielsweise mit den Worten „Yours sincerely" oder „Sincerely" und dein Name.

Am Ende steht der Verweis auf die Anlagen (*enclosure*).

Lebenslauf (*resume oder Curriculum Vitae*)

In Australien ist der Lebenslauf (*resume*) oder auch Curriculum Vitae (*CV*) wichtiger als das Anschreiben. Er macht deine schriftliche Bewerbung aus. Es gibt viele verschiedene Varianten, wie du deinen Lebenslauf gestalten kannst. Besonders wichtig ist es aber, dass du deine Qualifikationen und Erfahrungen erwähnst. Du zählst deine Stärken (*skills*) auf, die zum Job passen. Auch praktische Erfahrung wie Ausbildung (*trainee*), Beruf (*employment*) oder Praktika (*internships*)

> ***Cover letter*: Beispiel**
>
> Dein Name
> Adresse (Strasse und Nummer)
> Adresse (Postcode und Land)
>
> Datum (Tag/Monat/Jahr)
>
> Dear ... (vollständiger Name des Ansprechpartners),
>
> following your advertisement in ... (Fundort der Stellenanzeige) on ... (Datum der Anzeige) I am enclosing my current resume as requested.
>
> I am writing you in response to your advertisement ... / I am very interested in this position and I feel that I have the skills, knowledge and experience you are looking for ... / I am currently seeking casual, part time or full time employment where I can put my skills and experience to profitable use while developing both professionally and personally ...
>
> I am able to start working immediately / ...
>
> I look forward to having the opportunity in attending an interview. / I would welcome an opportunity to discuss this position and my qualifications with you in person.
>
> Yours sincerely,
>
> Dein Name mit Unterschrift
>
> Enclosure

musst du – soweit vorhanden – unbedingt in deinem Lebenslauf hervorheben. Es ist natürlich immer wichtig, dass deine Bewerbung einen positiven Eindruck auf den Arbeitgeber macht. Der Australier legt gerne Wert auf ein strukturiertes und gut geschriebenes *resume*. Allerdings sind die Aussies auf Backpacker eingestellt und laden dich durchaus auch ein, wenn dein Lebenslauf Fehler aufweisen oder an einigen Stellen lückenhaft sein sollte.

Jeder Lebenslauf ist tabellarisch aufgebaut und sollte im Normalfall nicht länger als 2 Seiten sein. Er beginnt immer mit den Daten zu deiner Person und kann optional den Verweis enthalten, dass du mit dem Working Holiday Visum in Australien bist. Als nächstes kannst du die Angabe der ausgeschriebenen Arbeitsstelle einfügen, also die Erwähnung, als was du dich bewirbst. In der Regel benötigst du diese Zeile, wenn du kein Anschreiben hast.

Im Lebenslauf sind deine Qualifikationen und deine Erfahrung der wichtigste Bestandteil. Bei der Aufzählung deiner Arbeitserfahrung beginnst du im englischen *resume* immer mit deiner aktuellen Situation, d.h. mit dem, was du als letztes gemacht hast (zum Beispiel letzter Job, letztes Praktikum, Schul- oder Studienabschluss). Hiernach kann die Angabe deiner individuellen Stärken und besonderen Kenntnisse folgen. Anschließend solltest du etwaige Weiterbildungen, Kurse, ehrenamtliche Tätigkeiten und Ähnliches erwähnen. Am Ende des Lebenslaufes stehen deine Referenzen, wenn du welche vorweisen kannst.

Optional kannst du deinen Lebenslauf auch mit einer Zusammenfassung deiner Fähigkeiten (*summary of accomplishments / skill summary*) beginnen. Hier schreibst du in Stichpunkten deine besonderen Fähigkeiten hinein und listest auf, was dich für die Arbeitsstelle qualifiziert. Diese Art des Lebenslaufs benutzt du vor allem dann, wenn du gerade mit der Schule fertig bist und/oder noch nicht so viele Jobs vorweisen kannst, die für die angestrebte Arbeitsposition wichtig sein könnten. Und auch wenn du der Bewerbung kein Anschreiben beifügst, beginnst du mit der *skill summary*.

Referenzen/Empfehlungen (*references*)

Im Hinblick auf Empfehlungsschreiben sind die Australier sehr britisch geprägt, d.h. sie sind sehr beliebt. Referenzen

Resume ohne *cover letter:* **Beispiel**

RESUME
Dein Name
Adresse (Strasse und Nummer)
Adresse (Postcode und Land)
1-year Working-Holiday-Visa valid until (Datum, bis wann dein Working Holiday Visum gilt)

OBJECTIVE (Angestrebte Jobposition):
I am currently seeking casual, part time or full time employment where I can put my skills and experience to profitable use while developing both professionally and personally. / I am very interested in a position as … and I feel that I have the skills, knowledge and experience you are looking for …
I am able to start working immediately and I am available Monday to Sunday day and night.

SUMMARY OF ACCOMPLISHMENTS / SKILL SUMMARY:
Hard working, fast learning
Honest and reliable
Attention to detail
Strong interpersonal skills
Excellent presentation
Able to work autonomously or in a team environment
Flexible and adaptable
Friendly but professional

WORK EXPERIENCE / EMPLOYMENT HISTORY:
Datum (von wann bis wann, nur Jahre und Monate), Job-Titel, Arbeitsbereich/Beschreibung der Tätigkeit, Name der Firma
Nächstes Datum, Job-Titel, Arbeitsbereich, Firma usw.

EDUCATION:
Datum (von wann bis wann, nur Jahre und Monate), Studium, Universität, Stadt und Land, Schwerpunkte, Abschlussnote (optional)
Nächstes Datum, Schulabschluss, Schule, Stadt und Land

PERSONAL TRAINING/CERTIFICATES:
Datum, Kurs
Nächstes Datum, Weiterbildung

REFERENCES/REFEREES (wenn vorhanden):
Mr. Mustermann, Position/Beruf/Dienstgrad, Kontaktnummer oder -adresse

bringen dir in Australien jedoch nur Pluspunkte in deiner Bewerbung, wenn sie auf Englisch geschrieben sind.

Im Referenzschreiben werden vor allem dein Charakter und die positiven Eigenschaften deiner Person, etwa Freundlichkeit, Anständigkeit oder Hilfsbereitschaft hervorgehoben. Hier findet man also in der Regel alles, was ein normales Arbeitszeugnis nicht unbedingt enthält.

Referenzen müssen nicht unbedingt vom letzten Arbeitgeber geschrieben werden. Ein Verantwortlicher der Gemeinde, ein Vereinsvorsitzender oder der Dekan der Universität können dir ebenfalls eine Empfehlung geben. Je nachdem, wo du beispielsweise gemeinnützige oder ehrenamtliche Arbeit geleistet hast, kannst du dir auch davon ein Referenzschreiben ausstellen lassen.

Jedes Schreiben sollte die Überschrift „To whom it may concern" haben. Das bedeutet soviel wie „für den Interessenten". Anschließend folgen die kurze und natürlich positive Beschreibung deiner Persönlichkeit, das Datum und eine Unterschrift.

Eine weitere Referenz erhältst du durch persönliche Referenzgeber, sogenannte *referees*. Wenn du sie fragst, sind manche Arbeitgeber oder Professoren in Deutschland damit einverstanden, dass sie von einem australischen Interessenten

Zeig Ehrgeiz!

Hast du ein paar Tage nach Abgabe deiner Bewerbung noch nichts vom Arbeitgeber gehört, kontaktiere ihn noch einmal! Per Telefon oder E-Mail könntest du beispielsweise danach fragen, ob deine Unterlagen angekommen sind. Auch ein zweiter und gegebenenfalls dritter Kontakt ist wichtig, damit du bei der Firma präsent bist und Interesse an dem Job zeigst. Das „Hinterher-Telefonieren" ist in Australien üblich. Du brauchst also keine Angst zu haben, dass du dem Arbeitgeber auf die Nerven gehen könntest.

kontaktiert werden können. Sie geben dann per Telefon oder E-Mail Auskunft über deine Arbeitsmoral, deine Fähigkeiten und deine positiven Eigenschaften.

Den *referee* kannst du in deiner schriftlichen Bewerbung oder aber auch im Bewerbungsgespräch erwähnen. Wenn du kein Referenzschreiben und keinen Empfehlungsgeber hast, ist das nicht schlimm. Ein Arbeitgeber kann auch gut ohne überzeugt werden.

4.7.2 Vorstellungsgespräch (*interview*)

Für die Arbeit auf der Farm, bei der Ernte oder beim WWOOFing hast du meistens ein kurzes telefonisches oder persönliches Vorstellungsgespräch. In der Regel wechseln du und der zukünftige Chef ein paar freundliche Worte, wobei dir meist die Aufgaben und Voraussetzungen der Tätigkeit (körperliche Anstrengung, Arbeit im Freien etc.) erklärt werden. Bist du mit den Arbeitskonditionen und der Bezahlung einverstanden, kannst du meist sofort, d.h. am darauffolgenden Tag oder zu Beginn der kommenden Woche anfangen.

Hast du deine schriftliche Bewerbung bei einem Arbeitgeber abgegeben, erhältst du deine Einladung zum Vorstellungsgespräch fast immer per Telefon oder per E-Mail. Wirst du zu einem Gespräch eingeladen, hast du bereits die halbe Überzeugungsarbeit geschafft. Schließlich gefällt dem potenziellen Chef deine Bewerbung!

Bei jedem persönlichen Gespräch solltest du auf ein gepflegtes Aussehen achten. Flip Flops solltest du also besser in deiner Unterkunft lassen. Auch ein freundliches Auftreten ist ein unbedingtes Muss bei jedem Gespräch. In Down Under ist es üblich, dass sich Bewerber und Vorgesetzte „duzen". Das überwindet die erste Distanz und schafft eine angenehmere Atmosphäre. Vergiss dabei aber niemals den respektvollen

Umgang. Auch wenn ihr euch mit dem Vornamen ansprecht, herrscht die Hierarchie zwischen Arbeitgeber und Bewerber.

Ganz wichtig ist es, dass du zum persönlichen Gespräch alle Bewerbungsunterlagen mitbringst, damit der Vorgesetzte sie sich ansehen kann: Lebenslauf, Arbeitszeugnisse und Referenzen.

Wie genau das Gespräch ablaufen wird, kann man pauschal nicht sagen. Die Art des Gesprächs und der Verlauf sind immer von den einzelnen Personen abhängig. Manche Arbeitgeber fragen nach deinem Werdegang, deinen Fähigkeiten und erkundigen sich danach, was du über die Arbeitsstelle weißt. Andere möchten einfach ein nettes und allgemeines Gespräch mit dir, um einen persönlichen Eindruck von deinem Charakter zu gewinnen. Was genau ein Arbeitgeber fragt, hängt also ganz von der Person ab, mit der du sprichst. Wichtig ist, dass du während des Vorstellungsgesprächs nicht sofort nach dem Gehalt fragst. Erst, wenn dein zukünftiger Chef von dir überzeugt ist und dir den Job anbietet oder wenn er dich gezielt danach fragt, könnt ihr über die Bezahlung verhandeln.

Nach der Arbeit kommt das Vergnügen. Es gibt so vieles zu erkunden!

5 | Travel

5.1 Womit reise ich am besten?

Australien ist riesig und man kann unendlich viele fantastische Attraktionen erleben. Als Backpacker hast du die absolute Freiheit, die Orte deiner Träume zu entdecken. Auf dem 5. Kontinent gibt es viele günstige Möglichkeiten, um von A nach B zu kommen: Mit dem eigenen Auto, dem gemieteten Camper, mit dem Bus, Zug, Flugzeug oder via Mitreise bei anderen kannst du weiße Sandstrände, die Extreme der Wüste, den Klang der Regenwälder, schneebedeckte Gebirge und den Tumult der Großstädte nach Lust und Laune erkunden. Welche Art des Reisens dir am meisten Spaß macht oder deinen individuellen Vorstellungen entspricht, kannst nur du allein entscheiden. Oft ergibt es sich ganz von selbst, nachdem du in Australien angekommen bist. Du könntest dir natürlich auch vorher überlegen, was du sehen und erleben willst. Dann kannst du gezielt nach Angeboten der verschiedenen Fortbewegungsmittel suchen und dein persönliches Reiseabenteuer mit Känguru, Koala und Co. wahr werden lassen.

> **Reisemöglichkeiten**
> Mit dem Auto zu reisen ist die beste Möglichkeit Australien zu entdecken! Aber auch gut ausgebaute Zug- und Busnetze bieten für jeden Backpacker eine bequeme Reisemöglichkeit.

5.1.1 Unterwegs mit dem Auto (*car*)

Das (eigene) Auto ist die beste Möglichkeit, Australien zu entdecken. Es bietet dir die uneingeschränkte Freiheit, denn du kannst jeden Tag selbst entscheiden, wohin und wie weit deine Reise geht. Keine lästigen Zeitpläne der Bahnen oder Busse sind einzuhalten und dein Sitzplatz ist jederzeit für

Ein eigenes Auto?

Ein eigenes Auto gibt dir die meiste Freiheit auf deinem Roadtrip durch Australien. Bedenke aber, dass das Auto nicht nur in der Anschaffung Geld kostet. Reparaturen und andere Instandhaltungskosten sind so gut wie immer nötig und können bei den australischen Fahrzeugen schnell sehr teuer werden. Schließlich muss jedes Auto in Down Under einiges aushalten! Dafür beschert es dir aber ein unglaubliches Freiheits-Erlebnis.

dich reserviert. Mit dem eigenen Auto oder dem Mietwagen steht deinem persönlichen Roadtrip nichts mehr entgegen, du musst dich nur für ein passendes Modell entscheiden.

Welches Auto passt zu mir?

Wenn du mehr als 3 Monate mit dem Auto reisen willst, rentiert sich der Kauf eines eigenen Wagens, ansonsten raten wir dir zu einem Mietfahrzeug. Ob PKW, Station Wagon (Kombi), Camper oder 4WD-Jeep – du hast die Wahl:

PKW (Sedan)

Du möchtest schnell von A nach B kommen und dabei nicht im Auto übernachten? Dann empfehlen wir dir einen normalen PKW. Der Sedan ist in der Regel eine kompakte Limousine der Marken Ford, Holden und einer Vielzahl anderer Hersteller. Mit dem Auto kannst du mühelos und flexibel reisen und dabei viel Gepäck oder andere Reisende mitnehmen. Zum Schlafen bietet ein PKW keinen Platz. Aber wenn du ein Zelt dabei hast, kannst du mühelos und kostengünstig auf allen Campingplätzen übernachten.

Kombi (Station Wagon)

Brauchst du ein zuverlässiges, kostengünstiges Auto zum Übernachten und kommst mit wenig Platz und ohne Luxus

Typisches Backpacker-Auto: Ford Falcon Station Wagon

aus? Dann ist der Station Wagon dein Ding. Die Station Wagon Ford Falcon und Holden Commodore sind in ganz Australien zu finden und ein typisches Backpacker-Modell. Ersatzteile erhältst du fast überall und zu guten Preisen. Weit verbreitet sind auch die Kombis von Mitsubishi und Toyota, für die ebenfalls problemlos Ersatzteile zu bekommen sind. Manche Station Wagon sind mit einem 4WD (4-Wheel Drive – Allradantrieb) ausgestattet und eignen sich damit für die Offroad-Strecken. Sie sind jedoch rar und oft um einiges teurer als die 2WD-Fahrzeuge. Ansonsten ist der Kombi sparsam im Verbrauch und bietet dir auf praktische Art alles, was du benötigst. Einen Station Wagon bekommst du im Schnitt ab 3.000 AUD. Die Preise variieren stark nach Angebot und Nachfrage. Sicherlich ist ein Schnäppchen für weniger zu haben. Dann solltest du dich aber in jedem Fall nach dem Grund des billigen Verkaufspreises erkundigen.

Van oder Minibus (Van/Camper)

Mehr Komfort, Platz, Ausstattung und vielleicht das typische Backpacker-Erlebnis hast du mit einem Van oder Minibus.

Wenn du bequem von A nach B reisen und dir dabei Zeit lassen möchtest, ist ein Van genau das Richtige für dich. Bei dieser Art Fahrzeug solltest du darauf achten, dass es kein Importauto ist, denn hierfür sind Ersatzteile meistens sehr teuer oder gar nicht erst zu bekommen. Von VW-Transportern und Modellen, die vor 1986 gebaut wurden, solltest du generell die Finger lassen. Die beliebteste Marke unter den Vans ist Toyota. Aber auch Ford oder Mitsubishi bieten gute Wagen an. Leider sind die Minibusse nicht immer für Offroad-Strecken geeignet und verbrauchen in der Regel mehr Sprit als

2- or 4-Wheel Drive?

2WD: In der Regel sind die Straßen in Australien gut ausgebaut, so dass man mit dem Kombi oder dem Van bequem fast überall hinkommt. Selbst die bekannten Attraktionen im Outback sind über Highways mit normalem Straßenbelag unproblematisch zu erreichen. Die meisten *dirt roads* und *gravel roads* (ungepflasterte Schotterstraßen) sind auch mit dem einfachen 2WD fahrbar. Auf komplizierten Strecken, d.h. auf sehr sandigen oder überschwemmten Wegen müsstest du aber dein Auto stehen lassen. Du könntest dich dann zeitweise anderen anschließen, einen 4WD-Mietwagen nehmen oder, wie beispielsweise auf Fraser Island, eine Tour buchen. Wenn du unsicher bist, was du genau brauchst, entscheidet oft auch das Geld beim Autokauf.

4WD (Allradantrieb): Ein 4WD ermöglicht dir die absolute Freiheit, zu fahren, wohin du möchtest. Das Fahren über sandige Dünen oder durch tieferes Wasser bringt aber auch seine Tücken mit sich und sollte unbedingt vorher geübt werden. Der Spritverbrauch ist in der Regel viel höher als bei einem Station Wagon oder Van. Dafür brauchst du dir jedoch keine Gedanken um Straßenbelag und Platz zu machen.

Für eine Tour auf Fraser Island ist ein 4WD unerlässlich

ein Station Wagon. Auch die Anschaffungskosten liegen mit einem Preis um 6.000 AUD deutlich höher als beim Kombi.

Geländewagen mit Allradantrieb (Four-Wheel Drive, 4WD)
Wenn du viel offroad fahren und entlegene Naturgebiete auf eigene Faust erkunden willst, brauchst du definitiv ein 4WD-Fahrzeug. Geländewagen verbrauchen mehr Kraftstoff und sind auch sonst in den Unterhaltskosten am teuersten. Dafür bieten sie dir viel Stauraum und die maximale Freiheit. Vor allem auf 4WD-Strecken im Westen und auf entlegenen Touren im australischen Outback ist der Geländewagen unabdingbar. Für Modelle von Holden, Mitsubishi oder Toyota sind Ersatzteile verhältnismäßig gut und günstig zu beschaffen. Von der Marke LandRover raten wir ab, weil sie im Allgemeinen zu teuer ist.

Im Schnitt kostet ein gebrauchter Geländewagen etwa 8.000 bis 10.000 AUD, die Anschaffung lohnt sich daher nur, wenn du ihn auch wirklich benötigst.

Vor dem Kauf solltest du dein Auto in einer Werkstatt überprüfen lassen

Autokauf (buy a car)

Der Autokauf und auch der Verkauf sind in Down Under überall möglich, sollten aber nicht unterschätzt werden. Eine Menge möglicher Mängel sind zu beachten und auch die Kosten und der Zeitaufwand spielen eine wichtige Rolle. Plane am Ende deiner Reise genug Zeit für den Verkauf deines Autos ein, damit du es rechtzeitig und zu einem guten Preis abgeben kannst.

Jedes Auto kostet Geld, das ist klar. Bedenke aber, dass nicht nur die Anschaffung, sondern auch die Anmeldung, Versicherung und mögliche Reparaturen finanziert werden müssen. Wenn du ein Auto von Backpackern oder auf Backpacker-Märkten kaufst, hast du oft das komplette Reise-Equipment wie Schlafsack, Zelt, Campingstuhl, Kühlbox etc. mit dabei. Das erspart dir eine Menge Zeit, Aufwand und oft auch Geld, denn sonst müsstest du alles (im Neuzustand) in einzelnen Geschäften besorgen. Mit dem eigenen Auto kannst du deinen Roadtrip meist sofort ganz nach deinen Vorstellungen beginnen.

Wo kaufe ich ein Auto?

In Down Under boomt das Geschäft mit Gebrauchtwagen. Schließlich wollen viele Backpacker mit dem eigenen Auto das Land erkunden. Deshalb gibt es auch eine sehr breite Auswahl an Möglichkeiten, wie du an dein zukünftiges Fahrzeug kommen kannst:

Schwarze Bretter

Die meisten Backpacker, aber auch Australier, verkaufen ihre Autos über Aushänge in den Hostels oder den Büros der Backpacker-Organisationen. An manchen öffentlichen Orten, wie zum Beispiel bei einigen Supermärkten oder Bibliotheken, gibt es ebenfalls Schwarze Bretter, an denen jeder inserieren kann. Du selbst kannst natürlich auch eine Suchanzeige an den Pinnwänden machen.

Leute fragen

Auch durch Herumfragen bei anderen Backpackern kann sich ein gutes Angebot ergeben. Vor allem auf Campingplätzen und in den Hostels warten viele Gleichgesinnte darauf, ihr Auto zu verkaufen, weil die Abreise bevorsteht.

Automarkt

In den größeren Städten wie Sydney, Perth, Darwin oder Cairns gibt es sogenannte Car Markets. Meistens kommen hier an einem bestimmten Tag in der Woche Backpacker, Australier und auch Gebrauchtwagenhändler zusammen und präsentieren ihre Autos. Hier hast du eine besonders große Auswahl an Fahrzeugen und Vergleichsmöglichkeiten. Einer der bekanntesten Märkte ist der Sydney Travellers Car Market.

Gebrauchtwagenhändler

Auch Autocenter und Gebrauchtwagenhändler bieten gute Wagen für Backpacker an. Sie sind in der Regel etwas teurer,

Achtung!

Wo ist das Auto zugelassen? Wenn du ein Auto kaufst, das in einem anderen Bundesstaat zugelassen ist, dann musst du zu einer der zuständigen Behörden innerhalb dieses Bundesstaates, um den Wagen auf dich anzumelden. Kaufst du ein Auto aus Western Australia, lässt sich die Anmeldung online oder per Post regeln. Alternativ kannst du das Fahrzeug auch in einen anderen Bundesstaat transferieren lassen. Das ist allerdings sehr teuer!

geben aber oft auch verschiedene Garantien. So können sie dir zum Beispiel gewährleisten, dass auf das Fahrzeug keine offenen Strafzettel oder Verfahren laufen. Bedenke, dass eine Garantie für bestimmte Autoteile zunächst verlockend klingt, dir aber im Zweifelsfall gar nichts nützt. Kaum ein Händler wird dir die Werkstattkosten erstatten, wenn du dein Auto woanders, d.h. viele tausend Kilometer vom Kaufort entfernt, bei jemandem reparieren lässt.

Online

Online-Börsen wie Gumtree (www.gumtree.com.au), Cars 4 Backpackers (www.cars4backpackers.com.au) und CarsGuide (www.carsguide.com.au) sind beste Anlaufstellen, um ein geeignetes Auto zu finden. Bei Gumtree beispielsweise kannst du auch deine eigene Suchanzeige kostenlos aufgeben. Zudem findest du in Reiseforen gute Angebote oder Vermittlungen für den passenden Traumwagen. Agenturen wie Reisebine.de bieten dir sogar eine Autovermittlung in Zusammenarbeit mit Travellers Autobarn an und helfen dir bei deinem Autokauf.

Worauf muss ich beim Autokauf achten?

Es ist typisch für Australien, dass Backpacker und Australier ihre gebrauchten Autos an andere Reisende weiterverkaufen.

Ob du ein gutes oder mäßiges Auto besitzt, wirst du oft erst im Verlauf deiner Reise mitbekommen.

Wichtig ist es, dass du beim Kauf eines Autos alle Fahrzeugpapiere und die nötigen TÜV-Zertifikate im Original ausgehändigt bekommst. Zudem benötigst du in allen Bundesstaaten down under einen Kaufvertrag, der deinen Autokauf legalisiert. Achte darauf, dass das sogenannte *Transfer of Registration*-Formular (oder in Western Australia die *Notification of Change of Ownership*) vom Käufer und Verkäufer unterschrieben wird, wenn ihr einen Deal macht! Nach der Vertragsunterzeichnung gehört das Auto allein dir.

Im Gegensatz zu unseren Fahrzeugen haben die Autos in Australien bereits unglaublich viele Kilometer auf dem Buckel: 200.000 gefahrene Kilometer sind normal, ab 300.000 Kilometer gilt das Fahrzeug als leicht verbraucht. Die bereits abgefahrenen Kilometer sagen nicht unbedingt etwas über die Qualität des Wagens aus. Ein Auto, das mehr als 300.000 Kilometer gefahren ist, kann - wenn es gut behandelt wurde - zuverlässiger sein als eines mit weniger Fahrtstrecke.

Auch das Alter der gebrauchten Autos ist in Down Under um einiges höher als in Deutschland. Oft reicht das Baujahr bis in die 1980er Jahre zurück. Ein solches Fahrzeug gilt trotzdem nicht als ungewöhnlich. In Australien halten die Autos eben einfach länger.

Bei jedem Autokauf solltest du dir dein zukünftiges Auto genau ansehen (das gilt natürlich auch für den Mietwagen)! Achte auf:

- ungewöhnliche Motorengeräusche (Rasselt der Motor oder verändern sich die Motorengeräusche während der Testfahrt? Dann ist der Motor defekt!)
- auslaufende Flüssigkeiten (Es sollte kein Öl und nicht viel Wasser aus dem Fahrzeug tropfen.)
- defekte Kühlerwasseranlage (Ein paar Tropfen, die aus dem Kühler laufen, sind normal. Große Pfützen jedoch nicht!

Die Kühleranlage ist eines der wichtigsten Details, um deinen Motor heil durch die Hitze Australiens zu bringen.)
- merkwürdige Gerüche oder Rauch (Bei laufendem Motor sollte es nicht verbrannt riechen oder dampfen.)
- viel Rost (Ein bisschen Rost an der Karosserie ist generell nicht schlimm, solange es keine wichtigen Teile betrifft.)
- ausreichendes Reifenprofil (neue Reifen sind in der Regel recht günstig zu bekommen.)
- funktionierende Elektrik (Lampen, Türschlösser, Tankanzeige etc.) und Sicherheitsstandards wie Anschnallgurte
- funktionierende Bremsen ohne Geräusche oder Vibration; geschmeidige Lenkung
- ist das Auto strafzettelfrei und nicht gestohlen?

Offene Rechnungen?

Achte beim Kauf darauf, dass auf das Auto keine offenen Strafzettel oder Verfahren laufen. Wenn du ein Auto kaufst, übernimmst du nämlich auch die noch nicht getilgten Rechnungen und musst sie spätestens bei der Ummeldung bezahlen!
Um zu prüfen, ob es noch offene Verfahren gibt, kannst du online oder telefonisch bei der Personal Property Securities Register (PPSR) nachfragen.

Es ist ratsam, das Auto vor dem Kauf in einer Werkstatt überprüfen zu lassen. Manche Verkäufer lassen sich aus Angst vor schlechten Ergebnissen nicht darauf ein. Oft versucht auch die zuständige Werkstatt, Käufer oder Verkäufer über's Ohr zu hauen, um Geld für unnötige Reparaturen zu erhaschen. Welches Risiko du eingehst, musst du selbst entscheiden. Aber eines ist garantiert: Abenteuerliche Geschichten rund um's Auto wirst du von Backpackern und Einheimischen in ganz Australien mitbekommen – und vielleicht auch bald deine eigene erzählen!

Ich habe ein Auto gekauft, was nun?

Du hast endlich den perfekten fahrbaren Untersatz gefunden und bezahlt. Was aber nun?! Jetzt folgen Autoanmeldung, Versicherung und eventuell der TÜV. Die Gesamtkosten der Registrierung für ein Jahr mit Personenschadensversicherung können bis zu 1.000 AUD betragen. Die genaue Gebühr, die du bei deiner Anmeldung bezahlen musst, richtet sich aber immer nach Bundesstaat, Automodell, Einkaufspreis, Alter des Fahrers und vielen anderen Faktoren.

> **Kühlwasserstand prüfen!**
> Die rauchende Motorhaube am Highway-Rand ist nur im Nachhinein eine spannende Geschichte. Überprüfe regelmäßig den Stand deines Kühlerwassers, damit der Motor deines Autos nicht überhitzt. Und auch den Ölstand solltest du stets im Blick haben – und nicht vergessen den Stand der Bremsflüssigkeit zu kontrollieren.

Zulassung/Ummeldung (vehicle registration)

Wenn du ein Auto in Australien kaufst, musst du es innerhalb von 2 Wochen auf deinen Namen an- oder ummelden. Das machst du im Normalfall bei der Zulassungsbehörde des Bundesstaates, in dem dein Auto registriert ist. Für die Zulassung benötigst du die Fahrzeugpapiere, den Kaufvertrag, deinen Reisepass, deinen Internationalen Führerschein und einen Nachweis über deinen Wohnort in Australien (Bestätigungsschreiben von deiner Organisation oder vom Hostel, der Gastfamilie etc.).

Jedes Auto benötigt eine gültige Registrierung, kurz Rego. Je länger die Rego beim Kauf noch gültig ist, desto besser. Läuft sie ab, musst du sie verlängern. Das ist meistens um 6 Monate oder um ein ganzes Jahr möglich.

In manchen Bundesstaaten wie Western Australia kannst du das Auto per Post auf dich ummelden und die anfallenden Gebühren einfach online bezahlen. Andernorts musst du persönlich zur Ummeldung des Wagens erscheinen. Welche Regelungen die einzelnen Bundesstaaten haben, erfährst du auf den jeweilgen Internetseiten der Road Transport Authorities (RTC) der Regierung – zum Beispiel:
- New South Wales: Roads & Maritime Service (www.rms.nsw.gov.au)
- Victoria: VicRoads (www.vicroads.vic.gov.au)
- Queensland: Department of Transport & Main Roads (www.tmr.qld.gov.au)
- Western Australia: Department of Transport (www.transport.wa.gov.au)

Kannst du zur Zulassung deines Autos nicht persönlich zu einer der Behörden gehen (gilt nicht für Western Australia), dann kannst du dein Auto alternativ auch auf den Bundesstaat umschreiben lassen, in dem du dich gerade befindest. Bedenke beim sogenannten *Interstate Transfer* aber, dass das Verfahren sehr zeitaufwändig ist und sehr viel kostet! Die unterschiedlichen Bestimmungen zum Auto in den einzelnen Bundesstaaten führen meist zu unvorhergesehenen Problemen, die sich oft nur durch hohe Rechnungen begleichen lassen. Wir raten dir daher von einem *Interstate Transfer* ab. Stattdessen kannst du deine Reiseroute umplanen oder so gestalten, dass du als erstes in den Bundesstaat reist, in dem dein neu gekauftes Auto registriert ist.

TÜV-Check (roadworthy certificate)

In manchen Bundesstaaten benötigt das Auto einen aktuellen TÜV-Check. Dieser muss von dir oder von deinem Verkäufer durchgeführt werden und darf bei der Ummeldung nicht älter als 1 bis 2 Wochen sein. In Victoria und dem Australian

Capital Territory heißt die Bescheinigung *certificate of Roadworthiness* oder *roadworthy certificate*, in Queensland *safety certificate*. In allen anderen Bundesstaaten wird in der Regel keine aktuelle TÜV-Prüfung zur Registrierung verlangt. In New South Wales muss dein Auto aber einmal im Jahr zur *roadworthy inspection*, im Northern Territory alle zwei Jahre. In Western Australia müssen alle Fahrzeuge mit einer Wegfahrsperre (*immobilizer*) ausgestattet sein! Sollte dein Auto noch keine besitzen, kannst du den Wagen für knapp 200 AUD in einer Werkstatt nachrüsten lassen.

Personenschadensversicherung (Compulsory Third Party Insurance)

In einigen Bundesstaaten wird eine zusätzliche Personenschadensversicherung (*Compulsory Third Party Insurance* - CTP) gefordert. Sie kostet zwischen 400 und 600 AUD. Das erscheint zunächst ziemlich teuer, allerdings ist die Versicherung ein wichtiger Bestandteil für deine Reise in Down Under. Solltest du einen Unfall haben, deckt die CTP vor allem die Schadenskosten ab, die du bei einer anderen Person (*third party*) verursacht hast. Die Gebühren für die Personenschadensversicherung bezahlst du in der Regel direkt bei der Registrierung deines Autos.

Mietkauf (*buyback*)

Bei Anbietern wie Travellers Autobarn (www.travellers-autobarn.com.au) hast du die Möglichkeit, ein Auto zu kaufen und bekommst zusätzlich eine Rückkauf- oder Rücknahmegarantie (*buyback*). Das heißt, wenn du deine Reise beendest, ist der Händler verpflichtet, dein Auto wieder anzukaufen. Der Rückkaufpreis wird meist schon beim Kauf festgelegt und ist in der Regel ziemlich niedrig. Dafür bist du dein Auto aber am Ende deiner Reise auf jeden Fall los und sparst dir den Stress, einen Käufer zu finden. Oft ist es auch so, dass du die *buyback*-Garantie nicht in Anspruch nehmen musst. Du kannst dein Auto gern woanders und vielleicht zu einem besseren Preis verkaufen und gibst es nur an den Verkäufer zurück, wenn du es am Vortag deines Rückflugs nicht losgeworden bist. Viele Backpacker nutzen *buyback*, um vor allem gegen Ende der Reise entspannter zu sein.

Übrigens: Bei manchen Anbietern kannst du dein Auto auch an einem anderen Ort als dem Einkaufsort zurückgeben!

Automobilclubs (*Automobile Club/Association*)

Auch in Australien gibt es so etwas wie den ADAC. Die Automobilclubs down under unterscheiden sich in bundesstaatliche (zum Beispiel RACQ - Royal Automobile Club of Queensland, RACV - Royal Automobile Club of Victoria) und nationale Clubs (AAA - Australian Automobile Association, RACA - Royal Automobile Club of Australia, NRMA - National Roads and Motorists` Association). Als Mitglied – egal ob bei einem regionalen oder landesweiten Club – erhältst du Pannenhilfe, juristischen Rat bei Unfällen sowie kostenloses Kartenmaterial in ganz Australien.

Wie und wo verkaufe ich mein Auto?

Wenn du dein Auto an eine andere Person verkaufst, brauchst du immer das ausgefüllte *Transfer of Registration*-Formular (in manchen Bundesstaaten heißt es anders), das deinen Verkauf legalisiert. Informationen darüber erhältst du persönlich bei den jeweiligen Behörden oder auf den Regierungsseiten der Bundesstaaten.

Achte darauf, dass dieser Kaufvertrag von dir und dem Käufer unterschrieben wird. Sollte sich der neue Käufer nämlich nicht ummelden und verursacht einen Schaden mit dem Wagen, wirst du zur Verantwortung gezogen, wenn die Käuferunterschrift fehlt. Mit dem Kaufvertrag kannst du in diesem Fall deine Unschuld beweisen und brauchst keine weite-

Ist das Auto organisiert, kann es losgehen!

ren Probleme mit den australischen Behörden zu befürchten.

Um dein Auto zu verkaufen, kannst du dieselben Stellen anlaufen, wie auf deiner Autosuche: Schwarze Bretter, Leute fragen, Autohändler- und Märkte, Onlinebörsen und Ähnliches (siehe Kapitel „Wo kaufe ich ein Auto"). Zusätzlich kannst du einen „For Sale"-Vermerk mit deinen Kontaktdaten an dein Auto kleben. Und wenn du eine *buyback*-Garantie hast, kannst du diese natürlich auch nutzen (siehe Kapitel „Mietkauf").

Beachte, dass du dein Fahrzeug in manchen Bundesstaaten nur mit einem gültigen TÜV-Zertifikat (*roadworthy certificate*) verkaufen darfst. In den Städten Sydney, Perth, Darwin und Cairns tummeln sich oft die meisten Autointeressenten, denn hier starten viele Reisende in ihr Abenteuer. Vor allem im australischen Frühling (September und Oktober) kommen die meisten Backpacker nach Australien und suchen nach einem passenden Auto. In der Regel liegt der Verkaufspreis in den Großstädten höher als in den ländlichen oder kleinstädtischen Gegenden. Allerdings solltest du beim Autoverkauf nicht wählerisch sein. Die Konkurrenz an

Gebrauchtwagenhändlern ist riesig. Deshalb solltest du dein Auto abgeben, sobald du einen Interessenten gefunden hast, der deiner Preisvorstellung entgegenkommt. Je nachdem, wie du deine Reise planst, solltest du mit dem Autoverkauf also frühzeitig beginnen. Kannst du dein Fahrzeug beispielsweise schon ein paar Wochen vor Abreise abgeben, dann könntest du schließlich auch die vielen Möglichkeiten mit Bus, Bahn oder *relocation*-Mietwagen ausprobieren.

5.1.2 Unterwegs mit dem Mietwagen (*rental car*)

Der Mietwagen ist eine gute Alternative zum eigenen Auto, wenn du weniger als 3 Monate relativ ungebunden unterwegs sein willst. Er bietet dir eine vergleichsweise luxuriöse Ausstattung und erspart dir den bürokratischen Aufwand im Zusammenhang mit dem ohnehin schon stressigen Autokauf und -verkauf. Auch bei einem Unfall oder unverschuldeten Schaden am Fahrzeug musst du nicht selbst dafür aufkommen. Das setzt natürlich voraus, dass du ausreichend versichert bist (siehe Kapitel „Worauf muss ich beim Mietwagen achten?").

> **ⓘ Altersbeschränkung**
> Einen Mietwagen kannst du in Australien in der Regel erst mieten, wenn du mindestens 21 Jahre alt bist und einen Internationalen Führerschein besitzt. Bei vielen australischen Mietwagen-Anbietern bekommst du ein Auto allerdings auch schon ab einem Alter von 18 Jahren. Dafür sind die Preise jedoch höher und es gibt eine Vielzahl zusätzlicher Bestimmungen und Einschränkungen.

Neben den bei Deutschen sehr beliebten Unternehmen wie Britz, Apollo oder Maui, findest du in Australien eine ganze Reihe anderer guter Mietwagen-Anbieter: Juicy Rental, Campervan Hire Australia (Spaceships), Wicked Campers, Travellers Autobarn und Thrifty wirst du in Australien am meisten sehen. Sie sind unter Work & Travellern sehr beliebt, denn sie sind auf Backpacking spezialisiert: Kochmöglichkeit, Schlafplatz, Kühlbox und manchmal erstaunlich gutes Board-Entertainment (Bildschirm, DVD-Player etc.) sind im Preis mit inbegriffen.

Die Kosten für einen Mietwagen schwanken stark – je nach Saison, Ort sowie Angebot und Nachfrage. In der Regel kannst du für einen kleinen Camper mit einer Miete von durchschnittlich 100 AUD pro Tag bei einer Mietzeit von einer Woche rechnen. Je länger du den Mietwagen hast, desto günstiger wird der Tarif. Die Miete für einen Monat beträgt dann im Schnitt nur noch 70 AUD pro Tag.

Viele Anbieter, darunter Juicy Rental und Spaceships, bieten dir super günstige Einwegmieten beziehungsweise Überführungen an, wenn ein Auto zurück zu seiner Heimatstation zu bringen ist. Bei diesen sogenannten *relocation specials* zahlst du manchmal nur einen Dollar Miete pro Tag und hast meistens 2 Wochen Zeit, das Auto zum gewünschten Ort zu fahren. Vor allem an der Ostküste werden viele *relocations* angeboten.

Oft gibt es auch *special offers* für Backpacker, die neben dem Mietwagen interessante Tour- und Abenteuer-Angebote enthalten. So kannst du dein Mietauto buchen und bekommst beispielsweise deinen Fallschirmsprung am weißen Sandstrand günstig dazu.

Worauf muss ich beim Mietwagen achten?

Bevor du mit dem Mietwagen losfährst, solltest du auf einige Dinge achten. Schau dir das Fahrzeug bei der Übernahme genau an: Hat es irgendwo Schrammen, Beulen oder klappert es bei der Probefahrt? Sind komische Motorengeräusche zu hören oder bemerkst du merkwürdige Gerüche? (siehe Kapitel „Worauf muss ich beim Autokauf achten"). Lass jede Kleinigkeit im Übernahmeprotokoll festhalten, damit du am Ende nicht für einen eventuellen Schaden aufkommen musst, den du nicht verschuldet hast.

Wenn du dich für einen Mietwagen in Australien entscheidest, achte auch darauf, dass du ausreichend versichert bist. Im Schadensfall kann es sonst schnell teuer werden. Auch die Konditionen des Mietvertrags solltest du genau lesen. Oft ist zum Beispiel das Fahren offroad und auf ungepflasterten Schotterstraßen (*gravel roads*) laut Mietvertrag verboten. *Gravel roads* führen dich aber häufig zu den schönsten Orten im Outback, im Regenwaldgebiet oder an der Küste. Wenn du dir einen Mietwagen holst, solltest du dafür sorgen, dass du gegen einen Aufpreis offroad fahren darfst. Natürlich nur, wenn du auch planst, die Schotterpisten zu benutzen.

Weitere wichtige Fragen zum Mietvertrag sind:
- Was ist von der Versicherung ausgeschlossen?
- Gibt es einen Versicherungsschutz für die Fahrt nach Sonnenuntergang? (Die Wahrscheinlichkeit für einen Zusammenstoß mit einem Tier ist zu dieser Zeit besonders hoch.)
- Wie hoch ist die Selbstbeteiligung? (zum Beispiel bei einem Unfall)
- Welche zusätzlichen Kosten fallen an? (Kaution etc.)

5.1.3 Unterwegs mit dem Bus (*bus*)

Via Bus durch Australien zu reisen, ist eine gute Gelegenheit, das Land und seine Schönheiten zu erkunden, andere Backpacker kennenzulernen und die merkwürdigsten Abenteuer zu erleben. Denn wann steht man schon mal um 2 Uhr in der Nacht an einem Roadhouse in Glendambo und wartet am Straßenrand auf einen Bus?!

Australien hat ein gut ausgebautes Busnetz, mit dem du die beliebtesten Orte und Attraktionen sowie ein paar Geheimtipps in ganz Down Under erreichst. Bekannte Busunternehmen sind Greyhound Australia, OZ-Experience (Ostküste) und Integrity Coach Lines (Westküste).

Hop-on/Hop-off: Mit dem Buspass reist du bequem durch ganz Australien

Das größte und beliebteste Busunternehmen ist Greyhound Australia, das sich auf das Reisen von Rucksacktouristen spezialisiert hat und an so gut wie allen interessanten Orten down under hält. Greyhound bietet dir tolle Angebote, um flexibel und sicher die Ostküste, Südaustralien, das Rote Zentrum sowie den Norden des Kontinents zu bereisen. Hier hast du eine große Auswahl zwischen verschiedenen Einzeltickets, Hop-on/Hop-off-Angeboten, Mehrtageskarten und Kilometerpässen.

Mit dem Greyhound Kilometerpass kannst du alle Greyhound-Busstrecken in jede Richtung nutzen und hast die größte Flexibilität bei deiner Reise. Der Pass ist ab dem 1. Tag der Benutzung ein Jahr lang gültig und kostet für beispielsweise 5.000 Kilometer knapp 800 AUD, für 15.000 Kilometer rund 2.000 AUD. Sind deine Kilometer abgefahren und du bist noch nicht am Zielort, kannst du einfach neue Kilometer hinzubuchen. Solltest du nicht alle Kilometer brauchen, kannst du sie auch für viele Sightseeing-Touren einsetzen.

Wenn du genau weißt, welche Route du machen willst, ist der Hop-on/Hop-off-Pass genau das Richtige für dich. Hier kannst du eine bestimmte Teilstrecke buchen und unterwegs aus- und wieder einsteigen, wann und an welchen Haltestellen du willst. Der Pass ist in der Regel 3 Monate lang gültig und eignet sich hervorragend, um beispielsweise die Ostküste zu entdecken.

Reisen durch Western Australia

Seit 2013 hat Greyhound seinen Busservice in Western Australia komplett eingestellt. Eine gute Alternative ist hier das Unternehmen Integrity Coach Lines. Es verlinkt Perth mit attraktiven Zielen wie Shark Bay, Exmouth oder dem Krijini National Park. Integrity Coach Lines bietet ebenfalls gute Pässe für Backpacker an, darunter den Hop-on/Hop-off-Pass zwischen Perth und Broome für knapp 400 AUD.

Achte auch auf Angebote kleiner Bus- und Shuttle-Unternehmen. Sie bieten immer häufiger Teilstrecken zwischen den bekannten Nationalparks und Attraktionen im Westen des Landes an.

5.1.4 Unterwegs mit dem Zug (*rail/train*)

Mit dem Zug durch den australischen Kontinent zu fahren ist ein ganz eigenes Erlebnis. Ob mit dem berühmten Ghan von der Südküste durch das Rote Zentrum nach Darwin oder mit dem Indian Pacific von Sydney nach Perth. Das Eisenbahnnetz down under bietet dir eine hervorragende Möglichkeit, bequem über große Distanzen, durch verschiedene Klimazonen und abseits der Straßen zu den beliebtesten Sehenswürdigkeiten Australiens zu reisen.

Die drei großen Zugunternehmen in Down Under sind Great Southern Rail, Queensland Rail und NSW TrainLink. Sie decken fast das gesamte Eisenbahnnetz ab. An der Westküste ist die Reise mit dem Zug leider nicht möglich.

Für Kurztrips in der Region bist du bequem mit dem Zug unterwegs

In Australien musst du deine Fahrkarte vor Antritt der Zugreise kaufen! Im Zug ein Ticket zu lösen, ist nicht möglich. Auf langen Fahrtstrecken hast du die Auswahl zwischen Sitzplätzen und Schlafwagen. Sogenannte *Red Service Seats*, die im Angebot der meisten Zug-Pässe für Backpacker enthalten sind, sind trotz ihres Namens nichts anderes als normale Sitzplätze in der zweiten Klasse. Sie reichen im Normalfall völlig aus, denn die australischen Züge bieten jedem viel Platz. Zudem sind die Waggons klimatisiert und seit mehreren Jahren komplett rauchfrei.

Neben normalen Einzeltickets gibt es für viele Regionen (und auch für ganz Down Under) sogenannte *Rail Passes*. Das sind Zeitpässe, mit denen du bis zu mehreren Monaten regional oder sogar unbegrenzt durch ganz Australien fahren kannst. Jedes Zugunternehmen der einzelnen Bundesstaaten bietet dir unterschiedliche Zeitfahrkarten zu guten Konditionen an. Der Rail Explorer Pass von Great Southern Rail erlaubt dir die größte Flexibilität. Er ist für die berühmten Strecken mit The Ghan, The Overland und dem Indian Pacific gültig und kostet für eine Dauer von 3 Monaten rund

Beliebte Zugstrecken kurz im Überblick:

Great Southern Rail:
The Ghan -> Adelaide - Darwin - einmal quer durch das Rote Zentrum
Indian Pacific -> Sydney - Perth - entlang der Südküste
The Overland -> Adelaide - Melbourne

Queensland Rail:
The Sunlander -> Brisbane – Cairns - entlang der Ostküste
Spirit of the Outack -> Brisbane - Longreach
The Inlander -> Townsville – Mt. Isa

NSW TrainLink:
XPT und XPLORER verbindet Sydney mit allen Zielen in und um den Bundesstaat New South Wales, darunter Stationen wie Moree, Dubbo, Tamworth, Mildura und Broken Hill sowie die Großstädte Brisbane, Melbourne und Canberra.

700 AUD. Der Discovery Pass von NSW TrainLink ist ebenfalls ein gutes Angebot für Work & Traveller. Er macht die flexible Reise mit Bussen und Bahnen in ganz New South Wales sowie Destinationen in Queensland, Victoria und dem Capital City möglich. Alle Bahn-Tickets sind online, in Reisebüros und an den Bahnhöfen erhältlich. Achte beim Kauf deiner Tickets oder Bahn-Pässe immer auf Vergünstigungen. Vor allem bei Zeitkarten gibt es tolle Angebote für Backpacker. Wenn du deine Tickets bereits von Deutschland aus buchst, erhältst du ordentliche Rabatte, teilweise bis zu 10 %. Deine Fahrkarte oder deinen Pass solltest du aber maximal 6 Monate vor der ersten Fahrt kaufen, sonst verfällt er. Zusätzlich zum Ticket- oder Passpreis erhebt das Unternehmen Great Southern Rail eine sogenannte *fuel charge* (Benzingebühr), die du bei der Platzreservierung bezahlen musst. Andere Zugunternehmen tun das nicht.

5.1.5 Unterwegs mit dem Flugzeug (*airplane*)

Vor allem, wenn du größere Distanzen in kurzer Zeit zurücklegen willst, ist ein Inlandsflug (*domestic flight*) in Australien perfekt. Unternehmen wie Qantas/QantasLink, Virgin Australia und Jetstar zählen zu den bekanntesten Fluggesellschaften auf dem 5. Kontinent. Tiger Air, Rex oder Air North sind zum Beispiel *low-fare airlines* (Billig-Unternehmen) und regionale Anbieter, die nicht unbedingt günstiger als die großen Gesellschaften sind. In Australien ist das Fliegen recht teuer. Du kannst aber preiswerte Flüge bekommen, wenn du sehr früh buchst und flexibel bist, was den Abflugtermin angeht. Je spontaner du einen Flug brauchst, desto teurer ist er in der Regel. Die meisten Fluggesellschaften bieten im Internet günstigere Angebote an und auch die Buchungsgebühr, die ein Reisebüro erhebt, fällt bei der Onlinebuchung weg. Bei Qantas gibt es online auch sogenannte Red e-Deals. Das sind besonders billige Frühbucher-Tickets, die natürlich sehr begehrt sind.

> **Domestic airports**
>
> In Australien muss es nicht immer Großstadt-Hopping sein. Es gibt auch viele kleinere Orte mit einem Flughafen (*domestic airport*).

5.1.6 Unterwegs mit dem Boot/der Fähre (*boat/ferry service*)

Als Rucksacktourist in Australien wirst du sicherlich kein eigenes Boot besitzen. Es gibt down under aber unendlich viele Angebote für Bootstouren und gastfreundliche Australier, die dich auf eine Fahrt mit ihrer privaten Yacht einladen.

Zudem besitzt das Land einen regen Fährverkehr. Manchmal sind die Fähren sozusagen ein Teil der normalen Straße und ersetzen Brücken, wenn Flüsse überquert werden müssen. Auch einige Inseln wie Fraser Island oder Kangaroo Island sind mit Fähren zu erreichen. Möchtest du zum Beispiel das fantastische Tasmanien erkunden, hast du die Wahl zwischen einem Flug oder der Fahrt mit der Fähre. Die zwei Fähren Spirit of Tasmania I und II verbinden die Häfen von Melbourne und Devonport und eignen sich vor allem dann, wenn du mit dem Auto, dem Motorrad oder dem Fahrrad

Die Spirit of Tasmania verbindet Melbourne und Devenport

übersetzen möchtest. Manchmal (Ferien, Sommer, Feiertage) sind die freien Plätze auf der Spirit of Tasmania etwas knapp. Daher lohnt es sich, so früh wie möglich einen Platz zu reservieren. Aber auch die spontane Überfahrt ist oft machbar. Wichtig ist es, dass du dein Ticket vor der Abfahrt besitzt!

Die Fahrt mit der Spirit of Tasmania dauert ca. 10 Stunden und führt dich über die raue *Tasman Sea*. Für die Überfahrt kannst du verschiedene Sitzmöglichkeiten und sogar eine eigene Kabine mit Schlafplatz buchen. In der Regel verkehrt die Spirit of Tasmania ein oder zwei Mal täglich – je nach Saison. Zur Überfahrt gibt es Tages- und Nachtreisen. Der Preis variiert sehr stark und ist unter anderem von Saison, Sitzplatz und Buchungszeitpunkt abhängig. Für einen normalen Sitzplatz (*recliner*) kannst du aber mit 100 bis 220 AUD rechnen. Zusätzlich entstehen Gebühren für die Mitnahme deines Transportmittels. Ein normales Auto kostet etwa 100 AUD. Du findest die Überfahrt teuer? Es lohnt sich aber in jedem Fall, Tasmanien zu entdecken! Und während der Fahrt gibt es auch musikalisches Entertainment und Filmvorführungen in den schiffseigenen Kinosälen – natürlich im Preis inbegriffen.

Bevor du dich mit der Fähre auf den Weg machst, solltest du dir alle aktuellen Informationen über Zeiten, Kosten, freie Plätze und Einfuhrbestimmungen holen. Diese bekommst du in den Reisebüros oder auf der offiziellen Homepage unter www.spiritoftasmania.com.au. Hier kannst du auch gleich deine Fahrttickets kaufen.

5.1.7 Unterwegs mit dem Motorrad (*motorcycle*)

Motorräder wirst du auf den weiten Strecken in Down Under wenig sehen. Der Australier ist nämlich überwiegend mit dem Auto, dem Camper oder dem Truck unterwegs. Trotzdem, eignet sich der 5. Kontinent auch für einen Motorrad-Trip: Die Wetterverhältnisse sind fast das ganze Jahr über gut und die Hauptstraßen angenehm zu fahren. Leider sind die Straßen zu abgelegenen Stränden oder Wüstenorten nicht immer für das *motorcycle* geeignet. Und auch die Sicherheit für Motorradfahrer in Australien ist nicht vergleichbar mit der in Europa. Viele Australier in ihren Fahrzeugen übersehen Motorräder im Straßenverkehr, weil in der Regel fast alle mit einem Auto unterwegs sind. Bedenke auch, dass du auf deinem Motorrad nicht viel Gepäck mitnehmen kannst und das Klima deine Reiseroute entscheidend beeinflusst. So solltest du den Norden und das Zentrum Australiens in den Sommermonaten aufgrund der extremen Hitze meiden. Und auch die Regenzeit sollte nicht unterschätzt werden.

5.1.8 Unterwegs mit dem Fahrrad (*bicycle*)

Immer mehr Backpacker entscheiden sich, Down Under mit dem Fahrrad zu erkunden. Das ist auf jeden Fall spannend und abenteuerlich. Australien bietet weite Landstrecken, faszinierende Waldfahrten und anstrengende Bergtouren. Auch wenn Australien ein verhältnismäßig flaches Land ist, muss man doch erstaunlich viele Höhen überwinden. Vor allem in der Great Dividing Range und in Tasmanien solltest du eine gute Kondition mitbringen!

Mit dem Rad bist du recht flexibel unterwegs. Du kannst kleine abgeschiedene Bushtracks nutzen und sparst auch bei der Unterkunft, beispielsweise auf Campingplätzen, oft eine Menge Geld, weil du nicht so viel Platz benötigst. Die Erfahrung zeigt, dass viele Australier und andere Reisende besonders neugierig auf Fahrrad-Touristen sind. Für eine spannende Geschichte laden sie dich gerne auf ein Essen oder eine kostenlose Übernachtung ein.

> **Risiko**
> In den Städten ist eine Radtour kein Problem. Auf dem Highway und befahrenen Landstrecken kann es aber schnell gefährlich werden.

Bedenke aber, dass die Reise mit dem Fahrrad durch Australien auch ein hohes Sicherheitsrisiko mit sich bringt. Du solltest deine Radreise auf jeden Fall im Voraus gut planen! Informationen und wichtige Tipps zur Organisation erhältst du im Internet und durch entsprechende Ratgeber zum Fahrradtrip durch Australien.

Einige wichtige Punkte, die du bei deiner Reise mit dem Rad beachten solltest, sind zum Beispiel:

Helmpflicht

Der Helm ist nicht nur ein wichtiger Schutz für dich, er ist in ganz Australien Pflicht. Wenn du ohne Helm auf dem Fahrrad erwischt wirst, kann das bis zu 200 AUD kosten!

Extremes Klima

Als Radfahrer down under bestimmen die Jahreszeiten deine Reiseroute. Der Sommer ist extrem heiß und in einigen Regionen gibt es eine ausgeprägte Regenzeit. Vor allem im Zentrum und im Norden des Kontinents solltest du die Fahrt im Sommer vermeiden. Zum Schutz vor der Sonne solltest du bei jeder Radtour durch ausreichend Sonnencreme, einen Hut, Sonnenbrille etc. geschützt sein. Auch der australische Wind kann ziemlich gemein sein. Achte bei deiner Reiseroute darauf, dass du sie mit der Windrichtung und nicht gegen den Wind planst. Das macht Vieles einfacher!

Lange Distanzen
Australien ist ein weites Land und man legt oft hunderte Kilometer zurück, bevor der nächste, manchmal wirklich winzige Ort kommt. Achte bei deiner Streckenplanung daher unbedingt auf deine Kondition. Es passiert schnell, dass du auf deiner Fahrt vollkommen ermüdest und einfach nicht mehr weiter fahren kannst. Auch die Dehydrierung ist sehr gefährlich, deshalb solltest du immer ausreichend Wasser dabei haben. Das kann bei langen Distanzen zwischen Wasserversorgungsstellen leider schnell zum Transportproblem werden.

Gepäck
Mit dem Fahrrad kannst du nur wenig Gepäck mitnehmen. Viele Backpacker organisieren sich dafür einen kleinen Gepäckwagen. Jedoch musst du alles, was du einpackst, auch jeden Tag mitschleppen.

Reisepartner
Zwar ist es nicht einfach, jemanden zu finden, der die gleiche Kondition hat wie du, aber trotzdem solltest du möglichst nicht alleine unterwegs sein. Das macht nicht nur viel mehr Spaß, sondern ist auch in der Not viel sicherer.

Tour genießen
Mit dem Fahrrad durch Australien zu reisen ist körperlich und auch psychisch anstrengend. Es zählt aber zu den einmaligen Erlebnissen, von denen du dein Leben lang zehren kannst.

Frischer Eukalyptusduft bei den Three Sisters in den Blue Mountains

5.1.9 Mitreisen/Trampen (*hitchhiking*)

Auch wenn du auf jeden Cent achten willst und trampen dir als billigste Variante erscheint, um von Ort zu Ort zu gelangen, raten wir davon ab. Schwarze Schafe gibt es nämlich leider auch in Australien. Ob allein oder zu zweit – das Mitfahren bei gänzlich fremden Menschen über oftmals riesige Distanzen und in entlegene Gegenden kann schnell gefährlich werden. Auch die Mitfahrt bei unsicheren Fahrern oder in nicht verkehrssicheren Autos wird leicht zur ungeahnten Gefahr. Im Bundesstaat Queensland ist das Trampen sogar gesetzlich verboten.

Wie wäre es stattdessen, wenn du dir einen zuverlässigen Reisegefährten suchst?! Anfragen kannst du an Schwarzen Brettern in Hostels oder in den Büros der Work & Travel-Organisationen finden oder selbst aufgeben. Höre bei der Wahl deiner Reisepartner auf dein Bauchgefühl und vertraue auf deinen gesunden Menschenverstand. Ist ein guter Fahrer dabei? Beherrscht er den Linksverkehr? Ist das Auto in einem ordnungsgemäßen Zustand, um die geplante Strecke zu meistern? Leichtsinnigkeit und Selbstüberschätzung sind häufige Ursachen für Unfälle auf der Straße.

5.1.10 Ein paar Verkehrsregeln (*road rules*)

Ob mit dem Auto, dem Rad oder zu Fuß, der Straßenverkehr down under kann manchmal für Verwirrung sorgen. Zum Beispiel erschrecken dich die lauten Töne, die die Fußgängerampeln von sich geben, wenn sie auf Grün schalten. Oder du fragst dich, was bedeutet das Verkehrsschild mit der Aufschrift „Grid"? Und natürlich musst du dich auch erst einmal an den Linksverkehr gewöhnen. Zudem hat jeder Bundesstaat seine eigenen Regelungen. Auch das führt auf deiner

Achtung Linksverkehr und neue Verkehrsschilder!

Reise wahrscheinlich immer wieder zu einem Fragezeichen im Kopf – aber auch zu spannenden Geschichten!

Auf alle Verkehrsregeln und Eigenheiten können wir dich natürlich nicht vorbereiten. Im Folgenden geben wir dir aber eine kleine Hilfestellung zu den wichtigsten Vorschriften im Verkehr:

Linksverkehr

In Australien herrscht Linksverkehr! Das heißt, dass du auf der linken Seite fährst, rechts überholst und links in den Kreisverkehr einfährst! Auch auf den Gehwegen und Rolltreppen solltest du dich möglichst links halten. Aber vor allem in den Großstädten und an Kreuzungen gibt es oft ein herrliches Durcheinander und niemand scheint einer Logik zu folgen, die besagt, wer wo zu gehen hat und auf welcher Seite an wem vorbei zu laufen ist.

Verkehrsregeln

Egal, wie du in Australien unterwegs bist, du musst Verkehrs- und Sicherheitsregeln beachten, die sich je nach Bundesstaat und Region unterscheiden. Auf der Seite der australischen Regierung (**www.australia.gov.au**) findest du alle wichtigen Informationen rund um die Verkehrsregeln (*road rules*) und Sicherheit (*safety*) in Australien.

Höchstgeschwindigkeiten

In der Regel liegt die Höchstgeschwindigkeit in der Ortschaft bei 50 km/h, teilweise bei 60 km/h (je nach Region). Außerorts, auch auf den großen Highways, ist die maximale Geschwindigkeit auf 100 bis 110 km/h begrenzt. Im Northern Territory liegt sie sogar bei 130 km/h. An diese Geschwindigkeitsgrenzen müssen sich Selbstfahrer und Mitfahrer sicherlich erst gewöhnen. Die Australier sind eben langsamer und entspannter als wir Deutsche unterwegs.

> **Sicherheit geht vor**
> Für Motorrad- und Fahrradfahrer gilt in ganz Australien die Helmpflicht. Im Auto ist das Anschnallen obligatorisch. Auch in Reisebussen gibt es Anschnallgurte, die du benutzen solltest.

Achtung: Geschwindigkeitsüberschreitungen (*speeding*) werden mit enorm hohen Bußgeldern bestraft!

Fahrtzeit

Australien ist groß, das wirst du schnell auf den ersten kilometerlangen Fahrten erkennen. Beachte bei deiner Planung, dass du dir nicht zu viel zumutest. Müdigkeit am Steuer ist ein häufiger Grund für Unfälle. Auch das Fahren in der Dämmerung und in der Nacht sollte möglichst vermieden werden. Zu diesen Zeiten sind die meisten Wildtiere unterwegs und ein Zusammenstoß mit Wombat, Wallaby und Co. ist schnell passiert. Mit dem Bus hingegen haben lange Nachtfahrten Vorteile, denn du sparst dir für diese Nacht die Unterkunft.

5.2 Wo kann ich schlafen?

In Australien hast du viele Möglichkeiten, günstig und dennoch komfortabel zu übernachten. Vom Hostel über den Campingplatz bis zum kostenlosen Bett bei einer australischen Familie ist alles dabei.

Zu Anfang deiner Reise empfehlen wir dir die Übernachtung in einem Hostel. Hier erhältst du nicht nur umfangreiche Informationen und Reisetipps, sondern findest auch schnell Anschluss an andere Backpacker und Australier.

Mit der richtigen Wahl der Unterkunft kannst du auf längere Sicht viel Geld sparen, das du für Touren, Sehenswürdigkeiten oder andere Abenteuer ausgeben kannst. Bleibst du beispielsweise mehrere Wochen an einem Ort, solltest du über eine Mietwohnung oder ein WG-Zimmer nachdenken. Manchmal bieten Hostels auch Vergünstigungen bei einer längeren Aufenthaltsdauer an. Generell sind Hostels und die Übernachtung auf Campingplätzen unter den Backpackern am beliebtesten. Sie bieten dir alles, was du brauchst und sind verhältnismäßig günstig.

Typische Schlafmöglichkeiten von Travellern
- Hostel/Jugendherberge
- Campingplatz/Camp Ground/Caravan Park
- Camper/Auto
- eigene Wohnung/WG
- Couchsurfing
- australische Familien

5.2.1 Hostel

In so gut wie allen Orten gibt es Hostels, in denen Backpacker und auch Australier übernachten. Sie sind mit einer zentralen Küche und Duschen ausgestattet und bieten dir fast immer Internet- und Telefone an. Waschmaschinen gehören ebenfalls zur Grundausstattung der meisten Jugendherbergen.

Am günstigsten übernachtest du in Mehrbettzimmern. Das kann von 2 bis 16 Betten in einem Raum reichen. Je mehr Betten, desto billiger. Meistens kostet eine Übernachtung

Hostels eignen sich toll, um günstig zu wohnen und Leute kennenzulernen

zwischen 15 und 45 AUD, wobei die Hostels in den Großstädten oft teurer sind als die Unterkünfte auf dem Land. Wenn du weißt, dass du ein paar Tage bleiben willst, lohnt es sich, nach einem *discount* zu fragen. Viele Herbergen haben Vergünstigungen, wie beispielsweise Wochenpreise (*weekly rates*).

Neben der Übernachtung bieten dir Hostels die tolle Möglichkeit, andere Backpacker aus allen Ländern der Welt kennenzulernen. Meistens findest du auch Mitfahrgelegenheiten, Verkaufs- oder Jobangebote und Ähnliches an Schwarzen Brettern in den Gemeinschaftsräumen. Und auch Informationen zu Sehenswürdigkeiten und Touren erhältst du hier.

Tipps für den Hostel-Alltag

- Ohrstöpsel benutzen (falls der Zimmergenosse schnarcht)
- Andere Länder, andere Sitten: Hier kannst du deine Toleranz und Offenheit gegenüber anderen Eigenarten und Bräuchen testen
- Flip Flops/Badelatschen für die Dusche sind oft Gold wert
- Schließfächer nutzen, damit nichts wegkommt

Neben den „normalen" Jugendherbergen gibt es auch die sogenannten Working Hostels, die dir aktiv bei der Jobsuche helfen (siehe Kapitel „Working Hostels").

Zu den bekanntesten Hostel-Ketten in Down Under zählen YHA, Nomads, VIP Backpackers und Base. Sie bieten dir unter anderem eine Mitgliedschaft an, mit der du günstigere Übernachtungspreise bekommst. Wenn du öfter mal in einem Hostel übernachtest, lohnt sich das auf jeden Fall.

5.2.2 Campingplatz (*caravan park/camp ground*)

Campingplätze findest du überall in Australien. Der echte Aussie ist ein wahrer Reisemeister und liebt es, in den Ferien mit dem Camper unterwegs zu sein. Daher gibt es viele gute *caravan parks* und *camp grounds all over Oz*. Die Campingplätze bieten dir einen sicheren Stellplatz für deinen Camper, das Auto und/oder dein Zelt. Sie sind in der Regel mit Toiletten und Duschen ausgestattet und verfügen über eine Kochmöglichkeit oder Grillplätze. Während einige *camp grounds* nur über die Basics verfügen, sind die etwas teureren *caravan parks* meist mit einer richtigen Küche und Camping-Nischen mit Stromanschluss (*powered sites*) ausgerüstet. Viele Campingplätze bieten dir den Luxus von Waschmaschinen und Internetzugang. In der Regel bekommst du einen Platz auf einem *camp ground* schon ab 10 AUD pro Nacht. Der Preis hängt meist von der Anzahl der Personen und der Art der Übernachtung (im Zelt oder im Camper, mit oder ohne Stromanschluss) ab.

5.2.3 Camper/Auto

Wenn du mit dem Camper oder Auto unterwegs bist, kannst du darin bequem schlafen. Je nach deiner Vorstellung von

Belebter Campingplatz in Byron Bay

Luxus und Praktikabilität kannst du in einem Station Wagon (Kombi) genauso gut übernachten wie in einem Van/Minibus. Viele sind auch in einem normalen PKW unterwegs und schlagen Nacht für Nacht ihr Zelt auf. Reist du mit dem Auto oder Camper durch das Land, dann sind die *caravan parks* und *camp grounds* genau das Richtige für dich. In Australien findest du sogar viele Campingplätze, die kostenlos sind. Sie haben meist ein Plumpsklo und bieten dir einen sicheren Stellplatz für die Nacht.

Unter Backpackern ist auch das *wild camping* weit verbreitet, d.h. man stellt sich mit seinem Auto einfach irgendwo hin und übernachtet dort kostenlos. *Wild camping* ist in Australien weder erlaubt noch verboten (außer in den Großstädten, da ist es generell verboten!). In vielen Gegenden findest du Hinweisschilder wie „No Camping!" oder „No Overnight!". Wer sich nicht daran hält, wird oft mit einem Bußgeld von 500 AUD bestraft. Beim *wild camping* solltest du wenigstens die Nutzung einer öffentlichen Toilette in Erwägung ziehen. Schließlich soll Australiens Natur auch in Zukunft erhalten bleiben.

5.2.4 Eigene Wohnung/WG (*shared accomodation*)

Wenn du lange Zeit in der gleichen Stadt bleiben willst, lohnt es sich, ein eigenes Apartment zu mieten oder in eine WG zu ziehen. Die sogenannte *shared accomodation* kostet zwischen 200 und 300 AUD pro Woche, kann aber preislich je nach Stadt oder Saison stark variieren. Meistens teilst du dir in der Wohngemeinschaft eine Küche und das Bad mit anderen Mitbewohnern, hast aber dein eigenes Zimmer zur Verfügung. In manchen WGs gibt es auch Mehrbettzimmer, die du gemeinsam mit anderen bewohnst. Eine Wohnung oder WG solltest du nur dann mieten, wenn du dir sicher bist, dass du in der Stadt bleiben willst. Oft haben die Mietverträge eine längere Kündigungsfrist und verhindern damit eine spontane Weiterreise.

Gute WG- oder Apartmentangebote findest du auf Internetseiten wie www.flatmates.com, www.gumtree.com.au oder durch Aushänge in Hostels, Supermärkten, Bibliotheken oder Universitäten. Auch in den aktuellen Tageszeitungen (zum Beispiel TNT Magazin) findest du Wohnungsinserate.

> **Mietvertrag**
> Achte bei deinem Mietvertrag auf:
> - Anzahl der Mitbewohner
> - Einzugstermin
> - Kündigungsfrist
> - zusätzliche Kosten (Nebenkosten, Kaution)

5.2.5 Couchsurfing

Das Couchsurfing ist eine interessante Möglichkeit, um günstig in einer Wohnung oder in einem Haus zu übernachten. Über die Website www.couchsurfing.com findest du Leute,

Australier laden gerne zu sich nach Hause ein und sind tolle Gastgeber

die ihre Wohnung (meist mit Schlafcouch, ab und zu auch mit eigenem Gästezimmer) für Reisende wie dich anbieten. Die Übernachtung ist kostenlos, denn eigentlich profitieren beide von gemeinsamen Unternehmungen und dem kulturellen Austausch.

Aber Achtung: Couchsurfing ist nicht ganz ungefährlich. Schließlich begibst du dich in die Wohnung fremder Menschen. Höre bei der Auswahl deines *host* (Couch-Anbieter) immer auf deinen gesunden Menschenverstand anstatt auf das Budget für die Unterkunft. Eine Garantie für sicheres Couchsurfing gibt es nicht. Allerdings kannst du dir auf der Homepage die Bewertungen anderer Couchsurfer ansehen. Oft finden sich nette und seriöse Studenten oder offenherzige Familien, die sich freuen, einen Backpacker aus Deutschland kennenzulernen. Und du wirst erstaunt sein, wie viele Australier deutsche Wurzeln haben!

5.2.6 Gastfamilie

Wenn du offenherzig durch Down Under reist, wirst du schnell merken, dass viele Australier sehr aufgeschlossen und neugierig gegenüber Backpackern sind. Immer wieder laden sie dich ein, sie zu besuchen oder bei ihnen zu übernachten. Das ist eine gute Gelegenheit, das authentische Leben der Australier kennenzulernen. Aber Vorsicht: Auch hier gibt es leider Schwarze Schafe! Deshalb solltest du immer genau überlegen, ob du dich auf eine Einladung einlässt. Generell ist es sicherer, nicht alleine, sondern mit mehreren Leuten bei Fremden zu übernachten.

6 | Australien – Eine kurze Einführung

6.1 Geschichte

Wann genau die menschliche Besiedlung Australiens begann, ist noch immer nicht eindeutig geklärt. Grobe Schätzungen gehen davon aus, dass vor 40.000 oder gar 60.000 Jahren Vorfahren der heutigen australischen Ureinwohner vermutlich aus Südostasien kamen. Sie reisten per Boot über das Wasser oder zu Fuß über eine der letzten bestehenden Landbrücken an. Die Menschen verteilten sich auf dem Kontinent und lebten in kleinen Stämmen.

Ihr Leben veränderte sich schlagartig, nachdem im 16. und 17. Jahrhundert die ersten Europäer Australien entdeckten. Unter ihnen waren der Holländer Abel Tasman und der Spanier Luiz Vaéz de Torres, deren Namen heute viele Regionen in Australien tragen. Da ihnen das neu entdeckte Land wertlos erschien, entwickelten sie kein Interesse an einer Besiedlung.

Das änderte sich mit der Ankunft der Briten: 1770 segelte James Cook die Ostküste entlang, ankerte mit seiner berühmten HMS Endevaour in der heutigen Botany Bay in Sydney und nahm Australien in Besitz – obwohl das Land natürlich schon von verschiedenen Aborigine-Stämmen bewohnt wurde. 18 Jahre später entschied der britische Innenminister Lord Sydney, dass ca. 740 Strafgefangene (meist arme Menschen, die sich nur kleine Vergehen wie Essensdiebstahl hatten zu Schulden kommen lassen) nach Australien gebracht werden sollten. Angeblich hatte das heimische Land keinen Platz für sie und die ehemaligen nordamerikanischen Kolonien nahmen nach ihrer Unabhängigkeitserklärung keine Sträflinge mehr auf. Am 26. Januar 1788 landete die sogenannte First Fleet. 11 Schiffe unter der Führung des Kapitäns Arthur Phillip, der später der erste Gouverneur von New South Wales wurde, erreichten das heutige Sydney.

5. Januar 1788: Die Erste Flotte fährt in Port Jackson ein (zeitgen. Darst.)

1868 landete der letzte Strafgefangenentransport in Western Australia. Bis dahin wurden etwa 160.000 Menschen nach Down Under zwangsverschifft.

Auch freiwillige britische Einwanderer sowie zahlreiche Forscher aus den unterschiedlichsten Nationen kamen nach Australien, um dort in einer der vielen neuen Kolonien zu leben oder weitere Teile des Kontinents zu entdecken. 1862 gelang John McDouall Stuart die erste Durchquerung des Landes von Adelaide im Süden nach Chambers Bay im Norden (nahe Darwin). Seinem Weg kannst du heute auf dem beliebten Stuart Highway folgen.

Unter den Forschern waren auch Deutsche, wie etwa Ludwig Leichhard, der eine erfolgreiche Expedition von Brisbane durch das Landesinnere bis ins Arnhem Land unternahm. Bei seiner zweiten Expedition, die von Sydney nach Perth führen sollte, verschwand er in der Weite des Roten Zentrums. Das war damals leider keine Seltenheit.

Australien gelang es, sich innerhalb von nicht einmal anderthalb Jahrhunderten zu einem selbstständigen Staatswesen zu entwickeln. 1901 vereinten sich die einzelnen Bundesstaaten zum Commonwealth of Australia und erhielten 30 Jahre später ihre Unabhängigkeit. Aus Loyalität zu Großbritannien schickte Australien Soldaten in den Ersten und Zweiten Weltkrieg. Auf diesen militärischen Einsatz, bei dem viele australische Soldaten ihr Leben ließen, blicken die Australier (vor allem am ANZAC-Day) mit Stolz zurück, weil das Land erstmals gemeinsam als Nation auftrat.

> **Terra Australis**
> Australien erhielt seinen Namen offiziell erst 1824. Zuvor war der Kontinent unter dem Namen „Neu-Holland" und „Terra Nullius" (Niemandsland) bekannt.

6.2 Geografie

Australien ist wahrlich *das* Land der Gegensätze. Mit einer Fläche von 7,69 Millionen Quadratkilometern ist es einerseits der kleinste Kontinent, anderseits die größte Insel der Welt. Ganze 25.760 Kilometer Küstenlinie kann Australien sein eigen nennen.

Down Under ist 22 Mal so groß wie Deutschland! Selbst Europa ist kleiner als der 5. Kontinent. Mit einer Nord-Süd-Ausdehnung von ca. 3.700 Kilometern und einer Ost-West-Ausdehnung von ca. 4.000 Kilometern ist Australien das sechstgrößte Land der Welt. Diese Maße solltest du immer im Kopf haben, wenn du unterwegs bist. Denn auf der Landkarte sehen die Entfernungen nicht so groß aus, wie sie tatsächlich sind, und verleiten leicht zu Übermut.

Australien lässt sich geografisch in folgende drei Gebiete gliedern: das Tafelland im Westen, das Tiefland im Zentrum und die Great Dividing Range im Osten.

Das Tafelland nimmt nahezu zwei Drittel der australischen Landesfläche ein. Hier gibt es keine Erhebungen, die höher als 800 Meter sind. Australien ist damit eines der flachsten Länder der Welt. Das ausgedehnte Wüstengebiet

Australiens höchstes Gebirge, die Snowy Mountains

zählt zu den trockensten der Erde. Nur bei starkem Regenfall existieren hier Flüsse.

Auch das zentrale Tiefland wird von der Trockenheit beherrscht. Dank großer Flüsse wie dem Murray River oder Darling River, die an den Westausläufen der Great Dividing Range entspringen, kann hier Landwirtschaft betrieben werden – 40 % der landwirtschaftlichen Produktion Australiens stammen aus dem Murray-Darling-Becken. Auch große Städte wie Adelaide sind von den Flüssen abhängig, denn sie dienen ihnen als Trinkwasserquelle. Ein ganz besonderer Aspekt der australischen Geografie ist die gigantische Wassermenge, die unter der Oberfläche gespeichert ist: Im sogenannten Großen Artesischen Becken erstreckt sich ein zusammenhängendes Grundwasser-Reservoir über 23 % der Landesfläche und ist für die Wasserversorgung vieler

Gemeinden und deren Vieh sehr wichtig. Das Wasser steht unter hohem (artesischem) Druck und kommt aus Quellen oder Brunnen an die Oberfläche.

> **Trockene Bachläufe**
> Bei deiner Australienreise wirst du immer wieder auf Schilder stoßen, die auf einen *creek* verweisen. Damit sind hier Bäche gemeint, die nicht ständig Wasser führen.

Im Osten liegt Australiens bedeutendster Gebirgszug, die sogenannte Great Dividing Range, in der viele Flüsse entspringen. Das Gebiet erstreckt sich über 3.500 Kilometer: von Cape York im Norden Queenslands bis zur Bass Strait, dem Südzipfel Tasmaniens. Den südlichen Teil der auf dem Festland liegenden Kette bilden die Australischen Alpen mit den größten Erhebungen in Down Under, darunter der Mount Kosciuszko (2.228 Meter), Australiens höchster Berg. In diesem Gebiet kann man übrigens hervorragend Ski fahren. Die Great Dividing Range fällt im Osten steil zur Küstenebene ab. Hier findest du üppige Wälder, die als „Gondwana-Regenwälder Australiens" den Status eines Weltnaturerbes haben und zu den ältesten der Erde gehören. Eine sehr hohe Niederschlagsrate von bis zu 2.500 Millimetern im Jahr prägt diese Region, in der du Australiens faszinierende Flora und Fauna erleben kannst.

Fast 23,5 Millionen Menschen leben auf dem 5. Kontinent. Die Bevölkerungsdichte des Landes ist ausgesprochen gering. Auch Großstädte, wie sie dir aus Europa vertraut sind, gibt es nur wenige. Dazu zählen Sydney (4,6 Mio. Einwohner), Melbourne (4,1 Mio. Einwohner), Brisbane (2,1 Mio. Einwohner), Perth (1,7 Mio. Einwohner) und Adelaide (1,2 Mio.

> **Geografische Rekorde**
> **Nördlichster Punkt:** Cape York, Queensland
> **Südlichster Punkt:** Südostkap, Tasmanien
> **Westlichster Punkt:** Steep Point, Western Australia
> **Östlichster Punkt:** Kap Byron, New South Wales
> **Höchster Punkt:** Mount Kosciuszko (2.228 Meter)
> **Tiefster Punkt:** Lake Eyre (-16 Meter)

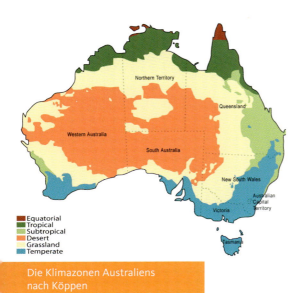

Die Klimazonen Australiens nach Köppen

Einwohner). Die Landeshauptstadt Canberra hat nur knapp 360.000 Einwohner. Du siehst: Die meisten Menschen haben sich entlang der Ostküste niedergelassen.

Die Bevölkerung setzt sich aus vielen Nationalitäten zusammen: Circa 92 % sind europäischer und 7 % asiatischer Abstammung. Nur etwa 2,4 % rechnen sich zumindest teilweise zu den Aborigines.

6.3 Klima

Australien erstreckt sich wegen seiner großen Nord-Süd-Ausdehnung über mehrere Klimazonen: die tropische Zone im Norden, die subtropische Zone im mittleren Bereich und die gemäßigte Zone im Süden.

> **ⓘ Die beste Reisezeit …**
>
> … für den Süden ist der Sommer zwischen September und April.
> Den Norden und das Zentrum des Kontinents erkundest du am angenehmsten zur winterlichen Trockenzeit von Mai bis Oktober.

Auf dem gesamten Kontinent kommt es zu starken jahreszeitlichen Schwankungen. Im Norden des Landes gibt es ausgeprägte Trocken- und Regenzeiten. Den australischen Sommer hat hier „die Nässe – (*The Wet*) im Griff. Viele Straßen und Regionen sind zu dieser Zeit wegen Überschwemmungen unpassierbar. Zugleich herrscht eine hohe Luftfeuchtigkeit und es ist extrem schwül.

Der Süden ist dagegen im Sommer extrem

heiß und trocken. Generell sind die Jahreszeiten Sommer und Winter dort stärker ausgeprägt. So richtig kalt wird es allerdings nur im nördlichen Victoria und in den Snowy Mountains.

Im Landesinneren schwanken die Temperaturen meist stark zwischen Tag und Nacht. Vor allem in den Sommermonaten klettert das Thermometer in dieser Region auf mehr als 40 °C. In den Wintermonaten dagegen liegen die Temperaturen im australischen Zentrum eher bei angenehmen 20 °C, wobei die Nächte oft eisig kalt werden können.

> **Alles verkehrt-herum**
>
> Da Deutschland auf der Nord- und Australien auf der Südhalbkugel liegen, sind die Jahreszeiten „umgedreht". In Australien ist also Sommer von Dezember bis Februar und Winter von Juni bis August.

Tasmanien hat eine Sonderstellung, was das Klima betrifft: Die ganzjährig vorherrschenden Westwinde sorgen hier für viel Regen. Durch den starken maritimen Einfluss gibt es auf der tasmanischen Insel keine ausgeprägten Jahreszeiten, sondern ganzjährig erfrischende Temperaturen.

6.4 Zeitzonen

Australische Zeitzonen		
Australian Eastern Standard Time (AEST)	UTC+10	ACT, New South Wales, Queensland, Tasmania, Victoria
Australian Central Time (ACST)	UTC+9:30	Northern Territory, South Australia
Western Standard Time (AWST)	UTC+8	Western Australia

Australien ist in drei Zeitzonen unterteilt (siehe Tabelle). Mit Ausnahme von Queensland und Northern Territory haben alle Bundesstaaten Winter- und Sommerzeit (*Daylight Saving Time*). Im Sommer wird die Uhr eine Stunde vor- und im

Winter wieder zurückgestellt (UTC = Koordinierte Weltzeit, MEZ (mitteleurop. Zeit) = UTC+1).

6.5 Australische Tierwelt

Koala, Känguru, Dingo, Schnabeltier, Ameisenigel oder Tasmanischer Teufel – Australiens Tierwelt ist einfach außergewöhnlich! Kein Wunder, denn der 5. Kontinent wurde vor vielen Millionen Jahren vom Rest der Welt abgetrennt. So konnten sich die exotischsten Tiere ungestört entwickeln.

Viele der Säugetiere – in Down Under ursprünglich nur Beuteltiere und Eier legende – sind einzigartig, flauschig und süß. Sie fesseln jährlich Tausende von Touristen und Backpackern und müssen natürlich für das obligatorische Selfie herhalten. Die bekanntesten Einheimischen der australischen Fauna sind wohl der Koala und das Känguru. Auch die frechen Possums, die agilen Dingos, die gemütlichen Wombats und der selten gewordene Tasmanische Teufel tummeln sich in Australiens Wildnis.

In Down Under gibt es aber noch viele andere faszinierende Lebewesen. So leben in den Regenwaldregionen die schönsten Paradiesvögel, die die wundersamsten Klänge erzeugen. Von bunten Papageien und Sittichen über den lautstarken Kookaburra (Lachender Hans) bis zu respekteinflößenden Kasuaren ist Australien ein Abenteuer für jeden Vogelfreund. Natürlich dürfen auch Kakadu und Emu nicht auf deiner Liste der in freier Wildnis zu beobachteten Tiere fehlen.

Nicht zu vergessen die atemberaubend schöne Wasserwelt mit den vielen Flüssen, Tümpeln und Meeren rund um den 5. Kontinent. Sie ist Heimat vieler Tiere: Hier tummeln sich tropische Fische, gigantische Krokodile, Wale, Seekühe und Haie, kleine Pinguine, Delfine Robben, uralte Meeresschildkröten und viele mehr.

Wombats sind wie alle anderen australischen Säuger Beuteltiere

6.5.1 Gefährliches Australien

„Du gehst nach Australien? Aber da gibt es doch so viele gefährliche Tiere!" Diese Bemerkung wirst du während der Planung deiner Work & Travel-Zeit in Australien wahrscheinlich öfter hören.

Australiens Tierwelt ist vielfältig und ein Erlebnis für jeden! Und natürlich gibt es auch gefährliche Spezies unter den Einheimischen in Down Under. 14 der giftigsten Schlangen weltweit leben in Australien, darunter die Braunschlange und der Inlandtaipan. Auch die giftigste Spinne der Welt, die Sydney-Trichternetzspinne, hat in New South Wales ihr Zuhause gefunden. Eine weitere gefährliche Spinne ist die Rotrückenspinne (*Redback*), die in den trockenen Regionen des Landes zu finden ist.

Schlangen, Spinnen, Krokodile, Haie, Quallen, Muscheln und Co. sind faszinierend, sorgen aber immer wieder für negative Schlagzeilen. Doch nicht an jeder Ecke lauern das gefährliche Salzwasserkrokodil, die Seewespe (eine Quallenart) oder der Hai. Manche Australier, vor allem die Großstädter,

Die Red-bellied Black Snake lebt im Osten Australiens

kennen die giftigen oder gefährlichen Tiere nur aus dem Zoo!

Wenn du dir der potenziellen Gefahr bewusst bist (manche Muscheln sind giftig, auch das männliche Schnabeltier hat einen Giftstachel, unbekannte Gewässer bergen Gefahren) und auf Hinweis- und Warnschilder achtest, dann kann nichts passieren. Wichtig ist, dass du dich nicht leichtsinnig verhältst. Auf Wanderungen in der Natur oder bei der Gartenarbeit solltest du beispielsweise geschlossene Schuhe tragen und fest auftreten. Begegnest du einem gefährlichen Tier, darfst du dich ihm nicht nähern und es auf keinen Fall reizen oder anfassen.

Der 5. Kontinent beherbergt viele Gefahren aus der Tierwelt. Sie gehören aber zum Alltag der Australier. Und bist du erst in Down Under angekommen, wirst du schnell merken, dass Schlange, Spinne und Co. selten für Aufregung unter den Aussies sorgen.

Um dich umfassend mit der gefährlichen Tierwelt Australiens auseinanderzusetzen, empfehlen wir dir, dich im Internet zu informieren oder entsprechende Literatur zu lesen (beispielsweise Barbara Barkhausen: „Gefährliches Australien").

Der Australian Boab Tree wächst im Westen und Norden des Landes

6.6 Australische Pflanzenwelt

Weite Busch- und Graslandschaften, Wüsten, Steppen, Bergwiesen, duftende Eukalyptus-Wälder, tropische Regenwaldgebiete, Farne, Mangroven, Akazien und mehr als 12.000 Jahre alte Urwälder – mit ihrer Abgeschiedenheit hat sich die Flora Australiens zu einer einzigartigen Welt entwickelt. Hier findest du mehr als 20.000 besondere Pflanzenarten, von denen 80 bis 90 % sogar endemisch sind, also nur hier vorkommen!

Der Norden des Kontinents ist durch seine tropischen Regenwälder geprägt. Meterlange Lianen, satte Regenwaldfarne, zahlreiche Orchideenarten und moosbedeckte Baumriesen werden dich zum Staunen bringen. In Australien findest du sogar einige der ältesten Urwälder der Welt!

Neben der tropischen Pflanzenwelt gibt es down under weitreichende Busch- und Waldlandschaften. Sie breiten sich im Norden, Osten und an der südlichen Küste aus. Der Westen und auch das Zentrum des 5. Kontinents sind vor allem von beeindruckenden Akazien geprägt.

Nicht umsonst besitzt Australien eine Vielzahl atemberaubender Nationalparks. Bis heute sorgt die dortige Pflanzenwelt auch in der Wissenschaft immer wieder für Überraschungen. So wurde zum Beispiel erst 1994 ein Exemplar der Wollemie (ein Araukariengewächs) entdeckt. Man ging eigentlich davon aus, dass der bis zu 40 Meter große Baum bereits seit mehreren Millionen Jahren ausgestorben war! Es gibt so vieles in Australiens Natur zu entdecken! Also, worauf wartest du?!

6.7 Der Australier und ...

6.7.1 ... seine Sitten

Der Australier bezeichnet sich selbst als „Aussie". Allein das zeigt bereits seine Liebe zu jeder nur möglichen Wortabkürzung. Aussies nehmen das Leben mit Humor und sind gerne ausgelassen. Wenn es etwas zu feiern gibt, dann auch richtig und mit dem gesamten Familien- und Bekanntenkreis. Denn Australier sind sehr gesellig und finden schnell neue Freunde. Ob an der Supermarktkasse, beim Surfen oder im Bus – einen Gesprächspartner finden sie immer. Aber Vorsicht, das Geschwätzige ist ansteckend!

Australier haben nicht den Ruf, außerordentlich pünktlich zu sein. Bei einer privaten Einladung kannst du diese Eigenschaft gerne übernehmen und ebenfalls ca. 15 Minuten zu spät kommen. Bei geschäftlichen Terminen und bei Ämtern solltest du natürlich pünktlich erscheinen.

Es gibt kaum ein anderes Land, in dem du so viele hilfsbereite Menschen treffen wirst. Schaust du zum Beispiel einmal verzweifelt unter die Motorhaube deines Wagens, wirst du schnell einen Helfer an deiner Seite haben. Auch wenn er keine Ahnung von Autos hat, wird er dir eine Adresse zur weiteren Hilfe anbieten oder dir eine Geschichte seines Freundes

Der Australier liebt sein Surfbrett und die perfekte Welle

erzählen, dem etwas Ähnliches passiert ist. Die meisten Aussies erleichtern deine Reise Down Under und sorgen dafür, dass dein Abenteuer in jedem Fall ein positives wird.

Australier sind grundsätzlich für alles offen und sehr gastfreundlich. Doch auch sie haben ihre Grenzen. Als Gast in ihrem Land solltest du dich daher respektvoll benehmen und ihre Regeln akzeptieren. Dazu zählt, dass Alkohol nicht in der Öffentlichkeit konsumiert wird. Auch wenn ein kühles Bier zum Lagerfeuer am Strand eine tolle Erfrischung bietet, sind vor allem dort Warnschilder aufgestellt, die an das Verbot erinnern. Der Alkoholkonsum in der Öffentlichkeit wird mit hohen Bußgeldern bestraft, denn Australien hat ein Alkoholproblem. Immer mehr Jugendliche und auch große Teile der Aborigine-Bevölkerung sind alkoholabhängig. Wenn du von jemandem gebeten wirst, Alkohol für ihn zu kaufen, solltest du das strikt ablehnen.

Zudem gibt es in Down Under immer mehr rauchfreie Zonen. Dazu zählt beispielsweise die gesamte Innenstadt von Perth. Generell gilt ein Rauchverbot in allen öffentlichen Gebäuden, Transportmitteln, Einkaufszentren und Restaurants.

Australier laden gerne zu sich nach Hause ein. Häufig steht dann „Bring a plate" mit auf der Einladung. Das bedeutet: Bring einen Teller voll Essen mit. Bei jeder Einladung wird es auch gerne gesehen, wenn eine Flasche Wein mitgebracht wird. Aber *no worries*, das ist natürlich nicht Pflicht!

6.7.2 ... seine Sprache (*Strine*)

Spätestens, wenn du in Down Under angekommen bist, wirst du merken, dass der Australier seine Spracheigenheiten pflegt. Das Englisch ist größtenteils britisch geprägt. Der authentische Aussie hat jedoch seinen eigenen Slang, den sogenannten *Strine*. Er liebt es zum Beispiel, Wörter zu verkürzen. Und so wird schnell aus:

>Australian - Aussie
>Breakfast – Brekkie
>Brisbane – Brissie
>Barbeque oder BBQ – Barbie
>Football – Footy
>und aus Tasmanien – Tassie.

Und auch du wirst ganz sicher einen einheitlichen Spitznamen bekommen. Da wird zum Beispiel Katharina zu Kat oder Melanie zu Mel. Neben den Verkürzungen wurden auch viele Begriffe aus der Sprache der Aborigines übernommen, darunter *walkabout*, *dreamtime* oder *billabong*. Sie haben oft keine eindeutige Übersetzung. Allerdings wird dir schnell klar werden, worum es sich bei diesen Begriffen handelt. Auch Straßen- und Ortsnamen tragen häufig einen *aboriginal name* oder wie der Australier (manchmal herabsetzend) sagen würde, einen *abbo name*.

Je tiefer du in das Outback kommst, desto stärker ist die Sprache von den Aborigines geprägt und damit oftmals unverständlicher. Aber auch an den Küsten gibt es starke regionale Unterschiede. So wird beispielsweise um Melbourne herum das „o" zum „oi" und das „s" sowie „x" werden „sch" gesprochen. Generell kannst du dich auch darauf einstellen, dass der Aussie das „a" auch als „a" und nicht als „ä" spricht. Das alles klingt erst einmal kompliziert? *No worries, mate*! Du gewöhnst dich an alles!

6.8 Aborigine-Kultur

Die Aborigines sind die Ureinwohner Australiens. Sie leben über das Land verstreut in einzelnen Stämmen. Jeder Clan hat seine eigene Sprache und eigene Traditionen – bis heute.

Die Aborigines haben eine ausgeprägte spirituelle Verbindung mit der Natur, was sich vor allem in den traditionellen Tänzen, Liedern und Geschichten widerspiegelt. Sie werden seit Jahrhunderten mündlich von Generation zu Generation weitergeben. Zum Inbegriff ihrer Mythologie ist der Ausdruck *dreamtime* (Traumzeit) geworden. Damit erklären sie die Entstehungsgeschichte auf ihre ganz eigene Weise. Heute wird der Aborigine überwiegend akzeptiert. Gerade die Jugend zeigt sich besonders offen der einheimischen Kultur gegenüber und ist sogar ein bisschen stolz auf die Ureinwohner Australiens. Das war jedoch nicht immer so:

Die europäische Besiedlung im 18. Jahrhundert führte zu heftigen Konflikten mit den Ureinwohnern, die als unkultiviert und bedrohlich angesehen wurden. Obwohl sich die Stämme der Aborigines gegen ihre kontinuierliche Unterdrückung wehrten, dauerte es viele Jahre, bis sich etwas änderte: Erst in den 1960er Jahren wurden die Ureinwohner offiziell als australische Bürger mit gleichen Rechten anerkannt. Seit den 1970ern kümmerten sich die Gerichte zunehmend um die Klärung der Landrechte. Wichtige Stammesterritorien wie der Uluru/Ayers Rock und die benachbarten Kata Tjuta/

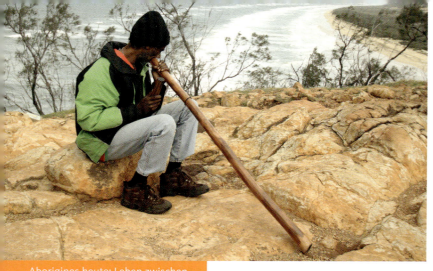

Aborigines heute: Leben zwischen Tradition und Moderne

Olgas wurden daraufhin an Aborigines zurückgegeben. Heute arbeiten der Aborigine-Stamm aus dieser Region und die Regierung bei der Erhaltung des Uluru-Kata Tjuta Nationalparks zusammen.

Ein wichtiger Tag für die Gleichberechtigung aller Bewohner Australiens war der 26. Mai 1998, der sogenannte „National Sorry Day". An diesem Tag wurde erstmals der „Gestohlenen Generationen" öffentlich gedacht.

Australien strebt eine Zivilisation an, in der alle Einwohner gleich behandelt werden. Das ist in der Realität natürlich nicht einfach und erfordert viel Toleranz auf beiden Seiten. Ein Großteil der rund 500.000 Ureinwohner hat immer noch Schwierigkeiten, sich an den westlichen Lebensstil anzupassen. Einige haben sich daher in die abgeschiedenen Regionen in das Landesinnere zurückgezogen, wo sie in einfachen Verhältnissen wohnen. Sie sprechen ihre eigene Sprache und leben in kleinen Clans, häufig mehrere Kilometer von der nächsten Siedlung entfernt. Viele der Aborigines haben aber ihre sozialen Wurzeln verloren und befinden sich heute in einem Zwiespalt zwischen Moderne und Tradition. Das wirkt sich oft in Depressionen sowie öffentlichem Alkohol- und Drogenmissbrauch aus.

Die wahre Kultur der australischen Ureinwohner bleibt den meisten Touristen daher verborgen. Nur auf bestimmten Touren, die von den Aborigines selbst geführt werden, wirst du einen tieferen Einblick in die Traditionen und Bräuche erhalten.

Ein Teil der Aborigines lebt heute aber auch in den Städten, die meisten sind in den Küstenregionen anzutreffen. Sie sprechen normales Englisch und teilen ihre Verbindung zur Natur und ihr Verständnis von Kultur vor allem über die Kunst mit.

Auch wenn sich die Situation der Aborigines deutlich verbessert hat, sie ist ein sensibles Thema in ganz Australien. Vermutlich wirst du auf deiner Reise bemerken, dass es viele Vorurteile auf beiden Seiten gibt. Es ist also noch ein langer Weg bis zur endgültigen Gleichstellung.

6.9 Feiertage

Australien hat neun nationale Feiertage. Außerdem feiert jeder Bundesstaat bzw. jedes Territorium noch weitere Anlässe – je nach geschichtlichem Hintergrund.

Der wichtigste Feiertag ist der Australia Day am 26. Januar. An diesem Tag im Jahr 1788 kam Kapitän Arthur Phillip mit der First Fleet in Australien an und legte damit den Grundstein für das heutige Australien.

Für die Australier ist auch der ANZAC Day am 25. April wichtig. An diesem Tag gedenken sie aller Soldaten, die für ihr Land in den Krieg gezogen sind. Es ist der Jahrestag der ersten Militäraktion von australischen Truppen im Ersten Weltkrieg.

Natürlich sind auch der Neujahrstag (New Years Day), Ostern (Good Friday und Easter Saturday) und Weihnachten

(Christmas Day am 25.12. und Boxing Day am 26.12.) nationale Feiertage.

Einige Feiertage werden zwar bundesweit begangen, aber in den unterschiedlichen Bundesstaaten und Territorien an verschiedenen Tagen. Dazu zählt der Geburtstag der Queen (Queen`s Birthday), der mit Ausnahme von Western Australia immer am zweiten Montag im Juni gefeiert wird, und der Tag der Arbeit (Labour Day).

In Australien werden Feiertage mit der ganzen Familie und allen Freunden gefeiert. Häufig wird zu einem Barbie eingeladen und Cricket gespielt. Vor allem am Australia Day ist der Nationalstolz der Aussies unübersehbar: Die Nationalflagge hängt überall und wird auf viele Gesichter der Menschen gemalt, die stolz durch die Straßen laufen.

> **Geschlossen**
> Karfreitag (Good Friday) und Weihnachten (Christmas Day) sind die einzigen Tage, an denen alle Geschäfte geschlossen haben.

Viele nutzen aber auch die freie Zeit, um einen kleinen Ausflug zu machen. Daher ist auf den Straßen auch einiges los. Doch wer jetzt unterwegs ist, sollte aufpassen: An Feiertagen ist die Polizei besonders aufmerksam, weswegen dein Vergehen jetzt das Dreifache kosten kann! Bedenke auch, dass Unterkünfte und Attraktionen an Feiertagen gerne ihre Preise erhöhen – wie du es auch aus Deutschland gewohnt sein dürftest.

Übrigens: Fällt der Feiertag auf das Wochenende, dann wird der darauffolgende Montag zum Feiertag erklärt und ist frei!

6.10 Must-Do-Sightseeing-Tipps

Die Aussies lieben ihre Heimat, genauso wie Millionen von Touristen, die jedes Jahr nach Australien kommen. Kein Wunder, hat das Land doch so viele Einzigartigkeiten und

Absolut sehenswert: Das einzigartige Heart Reef im Great Barrier Reef

spektakuläre Orte, die du dir sonst nur in deinen Träumen vorstellen kannst. Daher wird dir jeder Australier und mancher Reisende immer wieder Geheimtipps und Ratschläge geben, wo du während deines Abenteuers hinreisen solltest und was du unbedingt sehen oder machen musst. Und sie müssen es ja wissen, schließlich waren sie schon vor Ort oder haben es erlebt. Und auch wir möchten dir natürlich einige Reiseziele empfehlen:

Sydney

Harbour Bridge und Opera House sind irgendwie obligatorisch und lassen dir besonders klar werden, dass du wirklich in Australien angekommen bist.

Great Barrier Reef

Es gibt kaum etwas Schöneres als das Korallenriff im Nordosten des Landes. Am besten erkundest du die Unterwasserwelt mit einem Tauch- oder Schnorcheltag.

Und auch ein Flug über die Weiten des Riffs im Sonnenaufgang ist ein Erlebnis, dass du keinesfalls verpassen solltest.

Faszination im Outback: der Uluru

Regenwald

Ob Daintree Rainforest, New England National Park oder andernorts: Die Regenwälder Australiens zählen zu den ältesten dieser Erde und werden dich mit ihrer atemberaubenden Flora und Fauna zum Staunen bringen. Wo sonst kannst du meterlange Lianen, uralte Bäume, Riesenschmetterlinge oder Baumkängurus sehen?!

Outback-Trip

Manch einer mag behaupten, dass es im trockenen Outback nichts zu sehen gibt. Das ist falsch! Nirgends wirst du so viel Stille und Freiheit spüren wie hier. Ganz zu schweigen vom unglaublichen Sternenhimmel, der sich in der Nacht über dir ausbreitet. Und irgendwo gibt es hier immer etwas zu erleben: Riesenkängurus, die Dünen der Simpson Desert, die Karlu Karlu (Devil's Marbles), die Sandebenen der Gibson Desert …

Uluru- Kata Tjuta National Park / Kings Canyon

Die wohl bekannteste heilige Stätte der Aborigines ist ein einzigartiges Erlebnis, für das du dir Zeit nehmen solltest, indem

Zwei der mächtigen Twelve Apostles an der Great Ocean Road

du wenigstens einmal um den Uluru herum wanderst und eine Expedition durch die Kata Tjuta machst. Hier kannst du die Kultur der Aborigines besonders nah erfahren. Auch der Kings Canyon ist unglaublich beeindruckend und sollte auf deiner Sightseeing-Liste stehen!

Great Ocean Road

Obwohl die Straße entlang der Südküste voller Touristen ist, lohnt es sich, die Strecke zu fahren. Denn hier findest du viele Schönheiten Australiens auf kleinstem Raum: Weite Kalksteinküsten, die 12 Apostles und andere beeindruckende Kalksteinformationen, Regenwälder, besonders viele wilde Koalas, Strände und natürlich das Meer.

Esperance

Backpacker und Australier schwärmen davon: Die schönste Küstenlinie und die eindrucksvollsten Strände findest du in der Umgebung von Esperance in Western Australia! Und nicht weit von hier beginnt der Eyre Highway, der dich zur Nullarbor-Wüste führt.

Ningaloo Reef
Meeresschildkröten, Korallen, Seekühe, Haie oder Rochen – das prächtige Ningaloo Reef im Westen des Kontinents ist nicht nur atemberaubend schön. Es liegt sogar nahe am Festland und kann direkt vom Strand aus erkundet werden.

Kimberley Region
Im Nordwesten des Kontinents entdeckst du felsige Sandsteinschluchten, tropische Fächerpalmen, den berühmten Purnululu National Park (Bungle Bungle) und die lebendige Aborigine-Kultur!

Litchfield National Park
Viele Australier nennen den Litchfield National Park das kleine und schönere Geschwisterchen des Kakadu National Park. Hier findest du riesige Termitenhügel und brausende Wasserfälle, unter denen du dich abkühlen kannst.

Tasmanien
Die grüne Insel ist auf jeden Fall einen Abstecher wert. Auf kleinstem Raum findest du hier fast alles, was es auf dem Festland auch zu entdecken gibt: Regenwälder, Strände, Berge, Kultur und die größte Vielfalt an wilden einheimischen Tieren.

Die australische Kultur
Auf deiner Reise solltest du auf jeden Fall Australier und ihren Alltag kennen lernen, mit ihnen ein Barbie (BBQ) veranstalten und wenigstens einmal Vegemite probieren! Auch die Aborigines und ihre Kultur bieten dir überall in Australien faszinierende Einblicke: Dreamtime, Bush Tucker, Handwerk und Alltag. Und nicht vergessen: Versuch auf einem Didgeridoo zu spielen!

Die Regenwälder in Down Under zählen zu den ältesten der Welt

Australien hat natürlich noch so vieles mehr zu bieten

Vulkanische Gebiete (Undara), den Wave Rock, die Pinacles, Barossa Valley, Whale Watching, Skydiving, Fraser Island, Melbourne, Kunst, Sportevents ... die Liste unserer Empfehlungen könnte endlos weitergehen. Wie du deine Reise gestaltest und was du entdecken und erleben willst, bleibt natürlich ganz allein dir überlassen. Wir raten dir nur eines: Genieße die Zeit und habe Spaß dabei!

7 | Goodbye Australia und Willkommen zurück in Deutschland

7.1 Die letzten Tage

Irgendwann heißt es auch für dich: *Goodbye Australia*. Die letzten Tage sind oft nicht leicht. Die Heimkehr fällt den meisten schwer. Schließlich hast du eine abenteuerliche Reise hinter dir und musst nun Abschied von deinem neuen Alltag nehmen, obwohl du dich so gut daran gewöhnt hast. Aber du brauchst keineswegs in Kummer zu versinken, denn auch in Deutschland erwarten dich Familie, Freunde und neue Abenteuer. Und wenn du dich jetzt schon über die aktuellen Geschehnisse in Deutschland informierst, wird auch der Start in der Heimat etwas leichter.

In den letzten Tagen kannst du noch einmal alles tun, wonach dir ist: Eine Tour mitmachen, ein Eis auf den Stufen vor der Sydney Opera essen oder auch in einen Streichelzoo gehen und Kängurus füttern. Genieße noch einmal den Aufenthalt down under intensiv und vergiss nicht, die letzten Souvenirs zu kaufen.

Hast du noch Klamotten, die du nicht mehr brauchst, oder übrig gebliebene Lebensmittel? Dann kannst du sie in den Hostels abgeben. Oft gibt es dort ein Regalfach, das alle mit ihren nicht mehr benötigten Sachen und Gegenständen befüllen. Andere Reisende freuen sich dann über die kostenlosen Dinge. Gut erhaltene Kleidung kann auch

Konto auflösen

Vor der Abreise solltest du dein Bankkonto schließen. Die Rückzahlung deiner Superannuation und in einigen Fällen die Steuererklärung kannst du auch von zu Hause aus beauftragen.

Irgendwann heißt es für jeden: Abschied nehmen!

in den Second Hand Shops oder den Läden der Salvation Army abgeben werden.

Besonders wichtig ist es, dass du spätestens in den letzten Tagen dein australisches Bankkonto auflöst, eventuelle Abonnements und Mitgliedschaften kündigst und offene Rechnungen begleichst. Das erspart dir eine Menge Aufwand, wenn du wieder in Deutschland bist.

7.1.1 Bankkonto schließen (*close a bank account*)

Bevor du Australien nun endgültig verlässt, solltest du dein australisches Bankkonto auflösen. Dazu gehst du in eine Filiale deiner Bank. Dort brauchst du in der Regel nur deine Bankkarte und deinen Reisepass. Das restliche Guthaben deines Kontos wird dir dann in bar oder als Scheck (meist gegen Gebühren) ausgezahlt. Natürlich kann das Geld auch auf ein anderes Konto transferiert werden. Hierzu benötigst du die Daten des betreffenden Kontos. Beachte, dass der Transfer auf ein deutsches Konto zusätzliche Gebühren kosten kann.

Solltest du dein Konto von Deutschland aus auflösen wollen, musst du das in der Regel schriftlich beantragen. Dazu schickst du einen Brief mit deiner Auflösungserklärung, den Referenzdaten zu deinem Konto und einen Identitätsnachweis an eine zuständige Filiale in Australien.

7.2 Zurück in Deutschland

7.2.1 Superannuation Account auflösen (*return of Super*)

Dein Rentenkonto kannst du nach Ablauf deines Visums oder nach deiner Ausreise aus Australien auflösen und dir die Rente auszahlen lassen. Das machst du online, per Post oder über eine Agentur. Nachdem alle Unterlagen vollständig bei den zuständigen australischen Behörden eingegangen sind, erhältst du dein Rentengeld in der Regel innerhalb der nächsten 28 Tage. Im Normalfall bekommst du circa 60 % deines Rentenbetrags zurück. Forderst du die Auszahlung deiner Superannuation später als 6 Monate nach deiner Ausreise aus Australien oder nach Ablauf deines Visums an, dann kann die Bearbeitung mehrere Monate dauern. Zudem werden zusätzliche Gebühren von deinem Rentengeld abgezogen.

Online

Deinen Superannuation Account kannst du ganz einfach online über die Internetseite des Australian Taxation Office (ATO – www.ato.gov.au) auflösen. Machst du das innerhalb der ersten 6 Monate nach deiner Rückkehr, dann füllst du den Online-Antrag *Departing Australia Super Payment* (DASP) aus. Für die Bearbeitung des Antrags benötigst du ungefähr 30 Minuten. Hast du den DASP ausgefüllt und abgeschickt, durchsucht die ATO ihre Datenbanken nach deinem Konto. In der Regel erhältst du für jeden Super-Account einen weiteren Antrag, bei dem du detaillierte Informationen über das Konto eintragen musst.

Möchtest du dein australisches Rentengeld online auflösen, bist aber schon vor mehr als 6 Monaten aus Australien ausgereist? Dann wirst du unter der Kategorie *Unclaimed Super Payment* geführt. Um dein Geld zurückzufordern, füllst du ebenfalls den DASP aus. Weitere Informationen und Formulare bekommst du dann von der ATO zugeschickt.

> **Super-Account online auflösen**
> Für den Online-Antrag benötigst du deine persönlichen Daten inklusive E-Mail-Adresse, deinen Reisepass, deine australische Steuernummer und die Daten zu deinem Super-Account. Den Online-Antrag kannst du bereits in Australien vorbereiten, da jeder Zwischenschritt gespeichert und später weiter bearbeitet werden kann.

Per Post

Möchtest du deinen Super-Account per Post auflösen, benötigst du den Antrag *Applaying for a departing Australia superannuation payment*. Das Formular dafür findest du auf der Seite des Australian Taxation Office (ATO – www.ato.gov.au). Besitzt du mehr als einen Super-Account, füllst du für jedes Konto einen einzelnen Antrag aus.

Wenn sich mehr als 5.000 AUD auf deinem Rentenkonto befinden, schickst du das Formular zusammen mit den beglaubigten Kopien an deinen Super-Account, d.h. an die Bank, die für das Konto zuständig ist. Hast du weniger als 5.000 AUD auf deinem Konto, schickst du die Unterlagen an das australische Department of Immigration and Citizenship. Die jeweiligen Behörden werden dann alles bearbeiten und dir weitere Informationen zusenden.

Liegt deine Ausreise aus Australien mehr als 6 Monate zurück, dann

> **Per Post auflösen**
> Um deinen Superannuation Account per Post aufzulösen, benötigst du deine persönlichen Daten, die Informationen über deinen Account sowie eine beglaubigte Kopie von deinem Reisepass, deinem Visum und im Fall einer Namensänderung von einem Beweisdokument (Heiratsurkunde etc.).

benötigst du den Antrag *Payment of unclaimed super*. Das Formular findest du ebenfalls auf der Seite der ATO. Hast du den Antrag ausgefüllt, schickst du ihn zusammen mit den beglaubigten Kopien an das Australian Taxation Office. Besitzt du mehrere Superannuation Accounts, brauchst du in diesem Fall nur das eine Formular ausfüllen, wobei du alle Konten und Arbeitgeber angeben musst.

Mit einer Agentur

Wie auch bei der Steuererklärung, kannst du für die Rückforderung deiner Superannuation eine Agentur (zum Beispiel Taxback.com, Tax Back Australia) beauftragen. Hierzu benötigst du deine persönlichen Daten, Details über deinen Super-Account sowie beglaubigte Kopien von deinem Reisepass, Visum und gegebenenfalls eine Bestätigung deiner Namensänderung.

Die Agenturen helfen dir bei deiner Rückerstattung, allerdings verlangen sie meistens eine sehr hohe Bearbeitungsgebühr – oft einen hohen Prozentsatz des Betrags deiner Rentenauszahlung.

Wir raten dir, die Auflösung deines Super-Accounts erst einmal selbst zu übernehmen. Die Auflösung des australischen Rentenkontos ist nicht sehr schwer. Solltest du dabei Probleme haben, kannst du immer noch eine der Agenturen beauftragen.

7.2.2 Der Neustart

Nach deiner Rückkehr nach Deutschland solltest du zuerst alle wichtigen Behördengänge machen. Dazu zählen die Meldung beim Arbeitsamt, die Anmeldung bei der Krankenkasse und der Gang zum Einwohnermeldeamt, sobald du einen neuen Wohnort beziehst. Auch zusätzliche Versicherungen, Mitgliedschaften und einen Telefonvertrag kannst du jetzt wieder aufnehmen.

Wie auch bei deinem Start in Australien wirst du in den ersten Tagen nach deiner Rückkehr wahrscheinlich einen Kulturschock bekommen. Alles riecht anders, schmeckt komisch, sieht ungewohnt aus und fühlt sich merkwürdig an. Damit du diese Phase überwindest, solltest du dich so schnell wie möglich in den deutschen Alltag integrieren und positiv nach vorne blicken.

Du wirst sehr schell feststellen, dass du dich verändert hast. Nutze deine neu gewonnene Selbstständigkeit und Toleranz. Auch deine geschulten Fähigkeiten neue Menschen kennenzulernen sowie sämtliche Erfahrungen, die du Down Under gewonnen hast, kannst du jetzt anwenden. Denn auch in Deutschland kannst du dein Leben interessant gestalten und spannende Abenteuer erleben. Triff Familienangehörige und Freunde. Teile dein Erlebnis mit anderen. Mach Wochenendausflüge oder gehe einem neuen Hobby nach. Du hast jetzt die Möglichkeit, deine Zukunft zu gestalten.

Abenteuer gibt es überall! Wohin führt dich dein Weg als nächstes?

Register

A
Aborigines 166, 174
Alkohol 73, 85
Alleine reisen 28
ANZAC Day 169
Arbeit finden 95 ff.
Australia Day 169
Auto 115 ff.
Auto anmelden 125
Autokauf 120 ff.
Automobilclubs 128
Autoverkauf 128

B
Bank 56, 79, 177
Bewerbung 106 ff.
Boot 137
Bus 132 ff.
buyback-Garantie 127

C
Camping 149
Checkliste 20, 43
Couchsurfing 151

E
Eigene Wohnung 151
Einreisebestimmungen 23

F
Fähre 137
Fahrrad 139 ff.
Feiertage 169
Finanzierung 17, 81
Flug buchen 31 ff.

G
Geografie 155 ff.
Geschichte 153

H
Handy 61
Heimweh 80
Hostel 147

I
Impfungen 39
Internet 64

J
Jetlag 54
Jobmöglichkeiten 81 ff.
Jobsuche 95 ff.

K
Klima 158
Konto 56, 79, 177
Krankheit 80
Kündigung 105

L
Lebensmittel einkaufen 71

M
Mietwagen 130
Mobilfunkanbieter 61
Motorrad 139

O
Organisation 25 ff.

P
Packliste 47
Pflanzen 163
Post 66 ff.

R
Rauchen 165
Reisepartner 30
Reisepass 23, 79
Rückkehr 176

S
Sehenswürdigkeiten 77, 170 ff.
Smartphone 61
Spirit of Tasmania 137
Sprachkurs 40
Steuern 103
Steuernummer 59
Stopover 34
Strine, australischer Slang 166
Superannuation 104, 178
Supermarkt 71 ff.

T
Telefonzellen 63
Tiere 160
Tiere, gefährlich 161
Trampen 144
TÜV 126

U
Übernachtungsmöglichkeiten 146 ff.

V
Vegemite 70
Verkehrsregeln 144
Versicherung 35 ff., 127
Visum 20
Visum, zweites 24
Volontärarbeit 92

W
WG 151
WWOOFing 91

Z
Zeitzonen 159
Zug 134
Zulassung (Auto) 125

Der Koala – Entspannt und kaum aus der Ruhe zu bringen

Praktikawelten GmbH
Nymphenburger Str. 113
80636 München
Tel.: 089 - 28675111 Fax: 089-28675129

www.praktikawelten.de | workandtravel@praktikawelten.de

Ansprechpartner: Nikolas Geßlein, Alina Müller, Markus Larcht

Partner & Programmablauf in Australien: Partnerbüro in Sydney, Melbourne, Brisbane und Cairns; Flughafentransfer; 2 Übernachtungen & Infoworkshop; Unterstützung bei der Eröffnung des Bankkontos & Steuernummer; Jobdatenbank

Bewerbungsfristen: idealerweise 3 bis 6 Monate vor Reisebeginn; spätestens 5 Wochen vor Reisbeginn

Vorbereitungstreffen: optional

Nachbereitungstreffen: nein

Leistungspaket/im Programmpreis enthalten:
- Betreuung u. Beratung durch Programme Manager Work & Travel
- Unterstützung bei der Visabeantragung
- „Reise 1x1", Lonely Planet Reiseführer
- Kontaktmöglichkeit zu anderen Teilnehmern
- Jahresticket (Hin- & Rückflug), Zwischenstopps möglich
- Flughafentransfer
- 2 Übernachtungen in einem zentralen Hostel
- Infoworkshop (Arbeiten, Leben & Reisen)
- 24 Std. Notfallnummer (vor Ort & in Deutschland)
- Teilnahmezertifikat nach der Rückkehr

Programmpreis (Stand 2015; ca.-Preis für alle aufgeführten Leistungen)
- Starterpaket (mit Start in Sydney ohne Flug) 490€
- All- In Paket mit Emirates (Hochsaison 1.920 €; Nebensaison 1.870 €)
- All- In Paket mit Etihad (Hochsaison 1.840 €; Nebensaison 1.670 €)
- All- In Paket mit Korean Air (ab 1.790 €)

Besonderheiten/Sonstiges/Zusatzoptionen:
- Beratung durch Work & Travel Experten mit eigener W&T Erfahrung
- Kombi mit Freiwilligenarbeit und Work & Travel möglich
- Unterstützung vor Abreise & vor Ort; 24 Std. Notfallnummer
- verschiedene Extras zubuchbar, z.B. Sprachkurs, Farm & Travel